刘东明／编著

微商·微信·微店·朋友圈·自媒体·微营销一本通

（第2版）

清华大学出版社
北京

内 容 简 介

为什么别人做微商成功赚钱而你却失败？
为什么别人的微信火爆而你的默默无闻？
为什么别人的微店日进斗金而你的无人问津？
为什么别人的朋友圈生意火热而你却被人拉入黑名单？
为什么别人的自媒体越做越值钱而你的老是停滞不前？

共同、核心的痛点在于是否有流量！怎么进行营销推广？本书将紧扣这一痛点，精心讲解200多种引流推广方法、200多个营销要点技巧，这些方法都是可以融会贯通、举一反三的，从而打通微商、微信、微店、朋友圈、自媒体、微营销的难点，一通百通！

本书是一本微商、微信、微店、朋友圈、自媒体的微营销实战大全，适合于需要吸粉、引流、宣传、推广的个人、商家和企业等用户，以及对微营销感兴趣的人士阅读。

本书封面贴有清华大学出版社防伪标签，无标签者不得销售。
版权所有，侵权必究。举报：010-62782989，beiqinquan@tup.tsinghua.edu.cn。

图书在版编目(CIP)数据

微商•微信•微店•朋友圈•自媒体•微营销一本通/刘东明编著. —2版. —北京：清华大学出版社，2019（2022.1重印）
ISBN 978-7-302-51620-0

Ⅰ.①微… Ⅱ.①刘… Ⅲ.①网络营销 Ⅳ.①F713.365.2

中国版本图书馆CIP数据核字(2018)第257417号

责任编辑：杨作梅
封面设计：杨玉兰
责任校对：李玉茹
责任印制：宋 林

出版发行：清华大学出版社
网　　址：http://www.tup.com.cn, http://www.wqbook.com
地　　址：北京清华大学学研大厦A座　　　邮　编：100084
社 总 机：010-62770175　　　　　　　　　邮　购：010-62786544
投稿与读者服务：010-62776969, c-service@tup.tsinghua.edu.cn
质量反馈：010-62772015, zhiliang@tup.tsinghua.edu.cn

印 装 者：小森印刷(北京)有限公司
经　　销：全国新华书店
开　　本：170mm×240mm　　　印　张：16.5　　　字　数：262千字
版　　次：2017年2月第1版　2019年1月第2版　　印　次：2022年1月第7次印刷
定　　价：59.80元

产品编号：080406-01

专家编委会

协和药妆新零售 COO 江礼坤

实战派网络营销专家,弘亚美联公司 CEO,网络营销推广网站"推一把网"创始人,北大、清华总裁班特约讲师,中国 MBA(EMBA)同学会互联网协会副会长,百度互联网创业者俱乐部特约专家,电视栏目《前沿讲座》特约专家,阿里巴巴特约讲师,优米网特约专家讲师,金鼠标网络营销大赛评委,TMA 移动营销大奖评委,畅销书《网络营销推广实战宝典》的作者。

国际社交电商节主席 程雪翔

北京诚毅投资董事长,北京眼宝公司总裁,爱眼吧创始人,北京大学国际经济研究所新经济与互联网+课题组成员,微商与社交电商研究中心主任,中国微商与社交电商创新转型倡导者,中国人民大学财政金融 EMBA 在读,中国首批注册执业药师,2010 年被评为中国经济百名杰出人物,2012 年获评中国优秀创新企业家, 在黄山特殊学校设立有助学金与奖教金,在湖北麻城市设大学生公益助学基金,在中国药科大学、安徽中医药大学、黄山学院设立有育鹰基金。从 2015 年开始,在十多所院校组织了"诚毅杯"创新创业大赛,致力于扶植大学生创新创业。每年在多个院校举办大学生职业规划公益讲座。

旭道投资董事长 王智立

2016 年中国经济发展杰出人物,2017 年中国经济新领军人物,2017—2018 年品牌中国领军人物,中国商业经济学会电子商务促进会副会长,中国电子商务专家服务中心认证专家,中国管理科学研究院特聘学术专家委员,首席电子商务官联盟理事,中韩营销协会上海教育院院长,北京大学电子商务总课题组上海培训中心主任,北京大学电商同学会副会长,西北政法大学特聘双创指导老师,旭道(上海)投资管理有限公司董事长,拥有国家版权局著作权证书:2016 年《电子商务综合服务管理平台》、2017 年《电子商务智能化管理系统软件》、2017 年《网购商城软件》、2018 年《九牛之人音频商城》。

微商领袖联盟发起人 海科

北京大学国际经济研究所新经济与互联网＋课题组组长，中国电子商务专家服务中心副主任，世界微商联盟全球总会副会长，中关村数字媒体产业联盟高级顾问，中国股权投资基金协会培训中心副主任，中国新经济与互联网大会执行主席，大中华购物中心联盟副秘书长，电商岛全球私董会北大分会主席，对外经贸大学等高校创业导师，并多次接受《人民日报》《甘肃卫视》等媒体的采访。

国学大师 余泓江

国学大师，著名演讲家，北大金融硕士，管理学博士，畅销书作家。师承中国教育艺术泰斗李燕杰教授、中国演讲艺术泰斗彭清一教授。现任中国市场学会直销专家委员会副秘书长，兼干部培训中心主任、中华国学推广中心主任。

微商操盘手 肖聪

互联网实战专家，15年上市公司实战经验，曾任九阳股份有限公司电商创始人、深圳齐心集团股份有限公司电商总经理，国际互联网专家刘东明老师弟子，现任池州豆宝电子商务有限公司联合创始人兼总经理、安徽省味之源生物科技有限公司联合创始人兼总经理。

电商岛微商协会秘书长 晁伟

中国微商十大自媒体；
中国微商十大服务商；
微商裂变模式设计第一人；
国际互联网专家刘东明老师弟子；
客户：云南白药、广药白云山等亿元大盘；
出版专著《实体微商起盘21步》。

前言

笔者长期研究包括微信、朋友圈、微商等热门领域，发现它们虽然领域不同，但却核心相通，即各自最大的痛点难点，还是在引流稳流、营销推广上。

本书采用单点极致策略，专攻一点——引流推广，以解决以上领域读者的最大痛点。各个领域引流推广的方法，加起来有100多种，但它们其实是可以通用的，将其放在一起学习的好处，便是可以融会贯通。

本书主要特色如下。

(1) 将5个有关联的热点领域汇聚一书，性价比更高。

(2) 针对这5大热点共同的痛点，即流量和营销难题，深入剖析。

(3) 将最精华的内容汇于一书，大家看后可以举一反三、贯通活用。

本书在上一版精华内容的基础上，增加了一些全新的内容，如：

(1) 引流。介绍腾讯、百度、阿里的引流方法。

(2) 增粉。新增加了20家新媒体平台介绍，如今日条号、一点资讯等，介绍如何架设增粉平台，让粉丝自动找过来。

(3) 营销。增加了软文营销、短视频营销、H5营销、场景营销等新兴利器，帮助大家更好地经营。

(4) 变现。微信小程序、抖音等平台异军突起，非常火热，本书也对此进行了相关介绍。

本书由刘东明编著，参与编写的人员还有刘绍良、柏松、谭贤、谭俊杰、徐茜、刘嫔、刘胜璋、刘向东、刘松异、苏高、周玉姣、谭中阳、杨端阳、柏承能、刘桂花等，在此表示感谢。由于作者知识水平有限，书中难免有疏漏之处，恳请广大读者批评、指正，联系微信：157075539。

编 者

目录

第 1 章 微商赚钱营销有术 1

- 1.1 借助腾讯 QQ 引流 2
  - 1.1.1 聊 QQ 群取得流量 2
  - 1.1.2 逛 QQ 空间取得流量 3
  - 1.1.3 QQ 兴趣部落取得流量 7
  - 1.1.4 用 QQ 其他方法取得流量 8
- 1.2 利用腾讯微信引流 10
  - 1.2.1 微商利用微信公众平台收获流量 11
  - 1.2.2 微商利用私人微信收获流量 12
  - 1.2.3 微商利用各种微信群收获流量 17
  - 1.2.4 微商利用微信的其他方法收获流量 18
- 1.3 通过百度平台引流 19
  - 1.3.1 百度贴吧 20
  - 1.3.2 百度百科 23
  - 1.3.3 百度搜索风云榜 25
  - 1.3.4 百度知道 26
  - 1.3.5 百度经验 26
  - 1.3.6 百度文库 27
- 1.4 使用微博平台引流 27
  - 1.4.1 140 字打造精华成功引流 28
  - 1.4.2 超级话题实现精准引流 ... 28
  - 1.4.3 利用关键词搜索用户主动添加 29
  - 1.4.4 利用简介等待用户自主添加 30
- 1.5 巧借阿里平台引流 30
  - 1.5.1 淘宝店铺 30
  - 1.5.2 友情链接 31
  - 1.5.3 淘宝商品评价 31
  - 1.5.4 点点虫 32
  - 1.5.5 诚信通 32
  - 1.5.6 阿里生意经 33
- 1.6 点击 @ 得流量 33
  - 1.6.1 点击 @ 得微博的流量 34
  - 1.6.2 点击 @ 得 QQ 空间的流量 35
  - 1.6.3 点击 @ 得微信朋友圈的流量 36
  - 1.6.4 点击 @ 得线下沙龙的流量 37
- 1.7 借用其他平台引流 37
  - 1.7.1 借邮箱得到流量 37
  - 1.7.2 借电视节目得到流量 38
  - 1.7.3 看电子书得流量 39
  - 1.7.4 传云存储得流量 40
  - 1.7.5 借不同微商行业得流量 ... 41

1.8 微商线下引流 41
    1.8.1 参加各种俱乐部活动
          引流 41
    1.8.2 参加微商付费培训班
          引流 43
    1.8.3 参加各种比赛活动引流 ... 43
    1.8.4 参加社会公益活动引流 ... 44
    1.8.5 线下门店经营引流 44
    1.8.6 扫描二维码引流 45
    1.8.7 其他活动引流 46
1.9 利用APP得流量 47
    1.9.1 利用社交类APP得流量
          ——陌陌年轻人的最爱 ... 47
    1.9.2 利用购物类APP得流量
          ——时尚女性选择
          美丽说 51
    1.9.3 利用电台类APP得流量
          ——随时随地
          喜马拉雅FM 52
    1.9.4 利用女性工具类APP得
          流量——"大姨妈"
          呵护女性 53
    1.9.5 微课类APP——
          千聊让学习更有趣味 ... 55

第2章 微信快速引爆人流 59

2.1 个人微信引流——9种实用
    个人微信引流术 60
    2.1.1 文案推广，增粉技巧 ... 60
    2.1.2 资源诱导，搜寻吸粉 ... 60
    2.1.3 现实人脉，添加好友 ... 61
    2.1.4 BBS运行，优势引粉 ... 63

    2.1.5 用摇一摇、漂流瓶、
          交友吸粉 64
    2.1.6 附近的人，近身招呼 ... 65
    2.1.7 LBS推广，精确搜粉 ... 67
    2.1.8 主动出击，寻找号码 ... 67
    2.1.9 线下扩展，增加好友 ... 67
2.2 微信公众号引流——15种
    常见的吸粉妙招 68
    2.2.1 通过大号互推互惠互利 ... 68
    2.2.2 通过爆文吸粉引流 69
    2.2.3 通过线上微课吸粉引流 ... 71
    2.2.4 开展征稿大赛快速吸粉 ... 71
    2.2.5 通过策划活动吸粉引流 ... 73
    2.2.6 借助爆款产品推广引流 ... 77
    2.2.7 运营者官方网站宣传
          推广 78
    2.2.8 公众号文章转发到
          朋友圈引流 79
    2.2.9 用漂流瓶进行引流 80
    2.2.10 硬件设备推广吸粉 80
    2.2.11 个人名片引流法 82
    2.2.12 分享图片到图库平台
          吸粉 82
    2.2.13 邮箱推广拉新引流 83
    2.2.14 私人微信个性签名
          推广 83
2.3 借媒体矩阵——20家新媒体
    平台海量引流 84
    2.3.1 引流平台之今日头条 84
    2.3.2 引流平台之一点资讯 88
    2.3.3 引流平台之搜狐号 90
    2.3.4 引流平台之大鱼号 92
    2.3.5 引流平台之企鹅媒体 95

2.3.6　引流平台之 QQ 公众......97
2.3.7　引流平台之百度百家......98
2.3.8　引流平台之知乎平台......99
2.3.9　引流平台之网易媒体......101
2.3.10　引流平台之爱微帮......102
2.3.11　引流平台之简书......103
2.3.12　引流平台之思达派......104
2.3.13　引流平台之卢松松博客......105
2.3.14　引流平台之虎嗅网......106
2.3.15　引流平台之砍柴网......107
2.3.16　引流平台之速途网......108
2.3.17　引流平台之猎云网......109
2.3.18　引流平台之锌媒体......110
2.3.19　引流平台之品途商业评论......110
2.3.20　引流平台之派代网......111

2.4　小程序线上引流——多管齐下让引流效果倍增......112
2.4.1　微信：小程序引流的主阵地......112
2.4.2　QQ：不可或缺的引流工具......114
2.4.3　微博：粉丝让引流效果增益......114
2.4.4　百度：让 PC 霸主为你所用......116
2.4.5　论坛：精准营销效果自然好......118
2.4.6　视频：万语千言不如一段片......119

2.4.7　WIFI：让用户心甘情愿看广告......120
2.4.8　利用 @：爱他，你就得告诉他......121

2.5　小程序线下引流——4 种手段让小程序更加火爆......122
2.5.1　门店：天然的免费推广平台......122
2.5.2　二维码："码"上就能推广......123
2.5.3　线下沙龙：社交也可以是推广......124
2.5.4　参与活动：抓住一切推广机会......125

第 3 章　微店销量快速增长......127

3.1　打造完美店铺是引流的第一步......128
3.1.1　店名设计，先声夺人......128
3.1.2　店铺图标，在线制作......129
3.1.3　设置公告，营造氛围......130
3.1.4　设置微信号，拓宽渠道......131
3.1.5　设计店招，美化传达......132
3.1.6　完善店铺基础设置......133

3.2　巧用 7 种方法提高微店流量......137
3.2.1　通过与网红合作......137
3.2.2　通过与其他店铺合作......138
3.2.3　通过与主流快递合作......140
3.2.4　通过活动吸引顾客......142
3.2.5　通过节假日吸引顾客......142

3.2.6　积极参加各项线下
    集体活动 143
  3.2.7　发送宣传单吸引顾客 144
 3.3　巧用推广方式获得更多流量 144
  3.3.1　利用朋友圈推广微店 145
  3.3.2　利用 QQ 群推广微店 148
  3.3.3　利用微博推广微店 149
  3.3.4　利用贴吧推广微店 150
  3.3.5　利用"分成推广"推广
    微店 151
  3.3.6　利用信息推送推广
    微店 154
  3.3.7　利用"口袋直通车"
    推广微店 155

第 4 章　朋友圈赚钱营销有术 159

 4.1　设置"吸金"朋友圈，做好
   引流良好开端 160
  4.1.1　头像：最佳广告位要
    用好 160
  4.1.2　昵称：好的名称就是
    品牌 162
  4.1.3　个性签名：字字千金要
    想好 166
  4.1.4　主题照片：形象成就
    全系于此 168
  4.1.5　地址信息：注意力也是
    营销力 170
  4.1.6　工作微信与社交微信
    分开运营 171
 4.2　打造完美朋友圈内容营销，
   实现轻松引流 172

  4.2.1　推文时间：把握软文
    最佳发布时间 172
  4.2.2　描绘商品：道出特色，
    吸引购买欲望 173
  4.2.3　图片数量：九宫格照片
    最讨喜 177
  4.2.4　突出价格：抓住价格
    优势，吸引客户 178
  4.2.5　能量传递：朋友圈多
    发正能量信息 ....
    180
  4.2.6　增加人情味儿：让信息
    成为关注的焦点 182
  4.2.7　明星效应：带动人群，
    引起粉丝关注 184
  4.2.8　巧妙晒单：激发客户心
    动最强的手段 185
  4.2.9　晒好评：用事实说话，
    最有价值的广告 187
 4.3　朋友圈引流 6 种具体方法，
   让引流不再困难 188
  4.3.1　在朋友圈开展活动
    引流 188
  4.3.2　在朋友圈开展变相活动
    引流 190
  4.3.3　在朋友圈发布招聘信息
    引流 191
  4.3.4　在朋友圈发布免费资源
    引流 192
  4.3.5　在朋友圈发布红包群
    信息引流 192

4.3.6　在朋友圈开展互动式
　　　游戏引流 194

第 5 章　自媒体实现名利双收 195

5.1　自媒体风格定位，引流效果
　　更精准 196
　　5.1.1　自媒体风格定位，
　　　　　为引流开通渠道 196
　　5.1.2　打造醒目招牌，点亮
　　　　　引流明灯 199
　　5.1.3　营造自媒体品牌，
　　　　　搭建粉丝聚集部落 202
5.2　打造自媒体爆文，让流量
　　源源不断 203
　　5.2.1　文字分段，整齐明了 203
　　5.2.2　感性理性，差异分配 204
　　5.2.3　精美图片，引人注目 205
　　5.2.4　精简篇幅，保证耐心 206
　　5.2.5　恰当留白，张弛有度 206
　　5.2.6　音频吸引，快捷方便 207
　　5.2.7　新鲜题材，勾人眼球 209
　　5.2.8　社会内容，反映生活 209
　　5.2.9　阅读价值，加强信任 210
　　5.2.10　网络风格，通俗易懂 ...211
5.3　从自媒体到自明星，如何暴
　　增粉丝 211
　　5.3.1　自明星要具有互联网
　　　　　意识 212
　　5.3.2　自明星要具有团队
　　　　　合作意识 213
　　5.3.3　自明星要具有品牌
　　　　　打造意识 214

　　5.3.4　自明星要具有商业
　　　　　融资意识 216
5.4　科学运作自明星，打造经久
　　个人品牌 217
　　5.4.1　自明星的定向引爆
　　　　　策略 217
　　5.4.2　自明星对传播要素的
　　　　　运用 219
　　5.4.3　自明星利用用户情绪
　　　　　增粉 221

第 6 章　微营销的黄金利器 223

6.1　软文营销：微营销引流的常
　　用手段 224
　　6.1.1　好的标题吸引用户
　　　　　注意 224
　　6.1.2　内容质量是软文引流
　　　　　关键 226
　　6.1.3　8 个提高文章搜索率的
　　　　　SEO 技巧 228
6.2　短视频营销：异军突起的
　　微营销引流手段 229
　　6.2.1　抖音短视频 APP——
　　　　　年轻人的俱乐部 229
　　6.2.2　快手 APP——海量
　　　　　用户数提高引流效果 230
　　6.2.3　美拍 APP——下载次
　　　　　数最多的短视频 APP 231
　　6.2.4　火山小视频 APP——
　　　　　后起之秀来势汹汹 232
　　6.2.5　秒拍 APP——别具特色
　　　　　的"文艺摄影师" 233

6.3 H5营销：无处不在的营销引流工具……234

6.3.1 公众号+H5 快速吸粉…234

6.3.2 广点通+H5 实现精准用户触达……235

6.3.3 H5+游戏化活动营销提高用户转化率……236

6.3.4 H5+IP 营销让产品迅速蹿红……237

6.3.5 H5+话题营销实现火爆引流……238

6.3.6 H5+线下互动让用户印象深刻……238

6.4 场景营销：大势所趋的引流营销模式……240

6.4.1 新旧更替：从流量、数据到场景的时代……240

6.4.2 场景渠道：场景让产品具备引流能力……242

6.4.3 流量思维：跟上流行才能抓住流量……243

6.4.4 户外广告：实现持续性的引流效果……245

6.4.5 事件话题：利用热点引爆场景流量……247

第1章
微商赚钱营销有术

> **学前提示**
>
> 　　日渐强大的微商行业，让这个时代发生了变化。
> 　　微商行业让人们想成为富豪的梦不再遥不可及，但微商行业想要获得成功同样是需要方法的。本章主要向读者介绍微商如何引流、如何提高销量赚更多钱的方法。

- 借助腾讯QQ引流
- 利用腾讯微信引流
- 通过百度平台引流
- 使用微博平台引流
- 巧借阿里平台引流
- 点击@得流量
- 借用其他平台引流
- 微商线下引流
- 利用APP得流量

1.1 借助腾讯 QQ 引流

流量又叫人气访问量,它是任何一项事业发展的前提,更是微商发展的重要条件。高流量指标体现的不仅是商品超高的人气,更多的是宝贝的好销量。

腾讯 QQ 作为最早的网络通信平台,它的资源优势和底蕴,以及庞大的用户群,都是微商必须占领的阵地。本节将向读者详细介绍腾讯 QQ 引流的技巧,让每一位微商都能更快与更好地发展。

1.1.1 聊 QQ 群取得流量

现在 QQ 群出现了许多热门分类,微商要获得流量,就可以通过查找相关群的方式,加入进去。例如,微商运营者经营的产品是数码类,QQ 群里有几千万的数码爱好者用户资源。我们只需在 QQ 查找功能里输入关键字,如"数码",然后选择活跃度高的群进行添加就可以了,如图 1-1 所示。

图 1-1 在"查找"主界面输入关键字找 QQ 群

有人喜欢一进群就发广告或者添加好友,其实这种做法是很不好的。正所谓"知己知彼,才能百战不殆",运营者进群之后,不要急着引流,可以先在群里参与讨论一些与群信息相关的话题,积极与网友进行互动,等在群里混个脸熟之后,再添加群内用户为好友,通过率会更高。

网友在群里发言时,运营者可以及时进行回复,博取网友的好感,这样的情况下再添加他,成功率便会提高。

运营者也可以在群里分享自己的微信名片,但要注意时机,一般是在气氛很融洽的时候适当地推出自己,不需要说太多,简单的一些关于共同点的话语就行。

1.1.2 逛 QQ 空间取得流量

QQ 空间拥有很强大的功能，是微商引流推广的重要渠道之一，能为微商经营者带来可观的粉丝数，这是毋庸置疑的，如 QQ 认证空间、QQ 空间生日栏、QQ 空间日志、QQ 空间说说、QQ 空间相册和 QQ 空间分享等。下面详细讲述利用 QQ 空间吸引流量的几种方法。

1. 进 QQ 认证空间取得流量

微商运营者若要利用 QQ 认证空间引流，那么第一步就是要做好定位。比如说，运营者是做女性产品的，卖面膜和裙子之类的产品，那么就可以去找相关的人气 QQ 认证空间。

进入 QQ 认证空间首页，如图 1-2 所示。

图 1-2　QQ 认证空间首页

在分类中选择"时尚娱乐"选项，在其中选择一个和自己产品有关联的认证空间，如图 1-3 所示。

图 1-3　选择与产品有关联的 QQ 认证空间

进入认证空间之后,我们就可以在这个界面看到此认证空间现有的粉丝数和今日访问量,如图 1-4 所示。

图 1-4　查看认证空间的粉丝数和今日访问量

那么应该怎样做才能将这些现有的流量引到微商上面来呢?其实微商运营者要做的第一步就是单击"关注"按钮,这样就可以第一时间收到认证空间所发的说说和日志,在认证空间更新说说或者日志的时候,马上去评论。

一般来认证空间里看的基本都是对这个话题或者产品感兴趣的人,所以这些人就是微商的潜在精准客户。微商可以在热评日志或者说说下找到点赞或者评论的用户,用鼠标单击点赞的人数如"4406",就会弹出"赞过的人"窗口,然后就可以选择添加他们为好友了,如图 1-5 所示。

图 1-5　添加点赞的用户为好友

2．QQ 空间修改生日时间取得流量

当有 QQ 好友快要过生日的时候，好友的 QQ 头像和 QQ 网名会显示在 QQ 空间的"礼物"栏内。同样，如果你的生日来临的话，那么你的信息也会在你 QQ 好友的 QQ 空间中显示出来，如图 1-6 所示。

在此时期只要 QQ 好友进入他们的 QQ 空间，即可在 QQ 空间的"礼物"栏

图 1-6　"礼物"栏显示好友生日

中看到运营者的生日提醒信息，而此时微商运营者通过独特的 QQ 头像或者 QQ 网名吸引好友的注意，就可以促使他们进入运营者的 QQ 空间查看动态。

微商可以利用这一点进行引流，下面介绍利用 QQ 空间"生日"栏引流的方法。首先需要思考以下 3 个问题：

- 主要经营什么产品？
- 产品的出售对象是什么人？
- 怎么去吸引这些人关注自己？

然后将自己的 QQ 头像和 QQ 网名设置成你的目标受众愿意关注的对象。再修改自己的生日，比如今天是 2018 年 4 月 10 日，如果想让自己的 QQ 头像和网名出现在 QQ 好友空间的"生日"栏内，只需在资料卡中把生日改为 4 月 10 日即可，如图 1-7 所示。

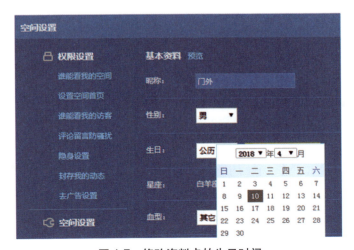

图 1-7　修改资料卡的生日时间

3．写QQ空间日志和说说取得流量

要利用QQ空间的日志和说说功能获得流量，就需要找一些跟微店有关的链接和账号信息放到空间日志和说说中，激起受众的购买欲望，以此来进行引流，如图1-8所示。

图1-8　在日志和说说中放置微商运营者的信息进行引流

4．建QQ空间相册取得流量

很多人加QQ时都会进QQ空间看一下空间的相册，所以相册也可以成为一个引流工具，如图1-9所示。

图1-9　利用QQ空间相册引流

微商运营者可以在相册中放置些有微商店铺信息的图片，感兴趣的浏览者在看到信息时就有可能对店铺进行关注。

5．QQ 空间分享取得流量

QQ 空间的分享功能可以分享视频和网站地址给所有的好友，他们只要点击标题，就可以看到分享的东西，所以利用分享功能分享微店或产品也是可行的。

1.1.3 QQ 兴趣部落取得流量

2014 年腾讯推出了一款以兴趣为定位的社区平台，这就是"兴趣部落"。兴趣部落打通了群与群之间的联系壁垒，只要拥有相同 QQ 群兴趣标签的 QQ 群，都可以通过 QQ 兴趣部落相连接，对于 QQ 用户个体而言，他既可以在"兴趣部落"的部落里和同兴趣的人进行交流，还可以加入部落下相连接的 QQ 群进行群聊天。

下面以"军事迷"QQ 部落为例，展示部落主页与相关群的群入口，如图 1-10 所示；以及相关群的主界面，如图 1-11 所示。

图 1-10 部落主页与相关群入口

图 1-11 相关群主界面

QQ 兴趣部落中有动漫文学、体育健身和星座在内的 10 个大版块，每个大版块下面有很多相关的小版块，如图 1-12 所示。

图 1-12　QQ 兴趣部落版块展示

如何获得精准粉丝流量是每个微商运营者都在考虑的事情，把对的产品推送给需要的人，做到精准营销，能在很大程度上提高营销成功率。

在前面我们讲过，通过 QQ 群可以获得精准粉丝，我们发现，在这二者之间，有这么一层关系：通过 QQ 兴趣部落可以找到精准的 QQ 群；通过 QQ 群，便可以找到精准的 QQ 号码。

通过这层关系，我们可以看到 QQ 兴趣部落这个平台对于微商营销的重要性了。但要知道，在 QQ 兴趣部落找 QQ 群，只是其中很小的一部分功能，微商运营者还可以通过 QQ 兴趣部落直接在部落里发布相关帖子，附上微商运营者的相关信息，这样能省去很多的程序。同时也因平台中有大量的活跃用户，可以让微商运营者得到更大的关注度。

1.1.4　用 QQ 其他方法取得流量

借助腾讯 QQ 取得流量，除了上述方法之外，还有一些被我们忽视的其他功能也可以帮助微商获得流量。

1. 写 QQ 个性签名取得流量

利用 QQ 个性签名进行微商引流。首先调出 QQ 的详细资料卡，单击"编辑资料"按钮；然后找到"个性签名"的位置，修改"个人签名"的内容，比如要宣传微店，可以把微商运营者的相关信息放上去；最后再单击"保存"按钮，完成利用 QQ 个性签名进行微商引流的操作，如图 1-13 所示。

图 1-13 编辑个性签名的内容引流

2．开 QQ 超级会员权限克隆大量好友

QQ 超级会员是腾讯公司推出的无线 VIP 服务，它对于微商引流方面有一个很重要的作用，就是可以使用 QQ 克隆功能。

QQ 克隆的意思就是可以把一个 QQ 号上的好友转移到另一个 QQ 号上，这样可以使某一个 QQ 号的好友数快速增加，同时微商运营者在这个 QQ 号所发表的动态也能被更多的人所看到。另外，微商运营者还可以将这些好友导入微信，增加微信的好友数。

3．挂机 QQ 秀聊天室取得流量

QQ 秀聊天室是腾讯公司推出的网络聊天室，用户可以穿着在 QQ 秀商城精心淘来的衣服和首饰，到 QQ 秀聊天室的场景中和好友聊天与合影。

那么微商运营者如何在 QQ 秀聊天室实现快速引流呢？下面就是引流的基本介绍。

登录 QQ，首先设置一个吸引人的网名和漂亮的头像，单击 QQ 界面中的"QQ 游戏"按钮，如图 1-14 所示。

跳转至"腾讯 QQ 游戏"首页，在腾讯 QQ 游

图 1-14 单击"QQ 游戏"按钮

戏搜索栏中输入关键字搜索"QQ 秀聊天室",如图 1-15 所示。

图 1-15　输入关键字搜索"QQ 秀聊天室"

单击"QQ 秀聊天室"后,会弹出相应的游戏介绍界面,单击"开始游戏"按钮,如图 1-16 所示。

图 1-16　单击"开始游戏"按钮

进入游戏后,运营者可以选择一个人多的分组房间进去,然后每隔一段时间可以在公屏上发布话语,发布的内容可以自行创新,然后等着众多用户来主动加友,如图 1-17 所示。

图 1-17　进入游戏发布信息引流

1.2　利用腾讯微信引流

微信是微商用来获取流量必不可少的一个平台,本节笔者就来介绍微商利用微信平台进行引流的方法。

1.2.1 微商利用微信公众平台收获流量

微商想要通过微信公众平台进行引流，就要对微信公众平台有个全方位的了解，从中掌握一定的营销技巧，以下3点就是必须要掌握的引流技巧。

1．公众平台内容要优质

微信公众号引流对内容的要求很高，因为只有丰富的或者有趣的内容才能吸引用户，所以一定要非常重视微信公众平台内容的定位，而且必须精耕细作，通过原创或者高质量的转载内容，来获得用户的赞赏和青睐。

运营者可以在公众号文章的末尾放置自己的店铺信息，或者个人微信号码，等待感兴趣的读者关注店铺或者进行好友添加，达到引流的目的，如图1-18所示。

图 1-18 在公众号文章结尾放置信息引流

2．发起活动拉近与对方的距离

通过微信公众平台，微商运营者可以多发起一些有趣的活动，以此来调动用户参与活动的积极性，从而拉近运营者与用户的距离。

除了发布活动之外，还可以通过其他方式与用户进行互动，例如通过问卷调查了解用户的内在需求、通过设置各类专栏与用户展开积极的互动等。

3．公众平台要设自定义回复

自定义回复接口有很大的开发空间，通过自定义回复接口，微商可以宣传产品信息或者感谢用户，如图 1-19 所示。

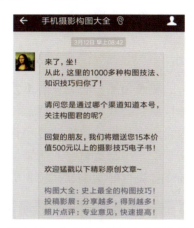

图 1-19　在自定义回复中介绍自己

除此之外，用户还可以通过自定义回复功能为微商提供宝贵意见，而微商则可以在微信内生成微信贺卡、提供微信导航服务或者提供智能对话服务等，增加与用户的互动，提高用户黏性。

1.2.2　微商利用私人微信收获流量

微信是时下用户量最大的社交软件之一，它有大量的用户，对微商来说是获取流量的好地方。因此微信是微商最常用的营销工具之一。下面笔者来介绍个人微信引流的方法。

1．将自己手机中的联系人导入微信

导入手机联系人是一种非常简单的引流方法。首先，点击微信界面右上角的 ➕ 图标，如图 1-20 所示；然后点击选择"添加朋友"选项，如图 1-21 所示。

进入"添加朋友"界面后，点击"手机联系人"按钮，如图 1-22 所示；弹出"通讯录朋友"界面，点击右边的"添加"按钮，即可将手机联系人导入微信，如图 1-23 所示。

图 1-20　点击➕图标

图 1-21　点击选择"添加朋友"选项

图 1-22　点击"手机联系人"按钮

图 1-23　点击"添加"按钮

2．微信号的设置：选择 QQ 或者手机号

微商运营者可以把 QQ 号或手机号设成微信号，这样更利于沟通和添加。

把 QQ 号或者手机号设置成微信号的方法是：首先进入微信中的"我"界面，

点击"设置"按钮;进入"设置"界面,然后点击"账号与安全"按钮;进入"账号与安全"界面,在"微信号"处可以设置微信名称,在"手机号"处可以设置手机号码,如图 1-24 所示。

图 1-24　把微信号设置成 QQ 号或手机号引流

3．善用雷达去加人

当微商运营者在某个场合同时认识很多人时,如果逐个去扫二维码或者搜账号添加好友,就需要耗费很多的时间。因此,微商运营者要学会使用更加便捷的方式来提高添加好友的效率。

微信上有一个便捷的工具,那就是"雷达加朋友"。

这个方法能够同时添加多人,因此对在多人聚会等活动时加好友很有帮助,下面介绍具体的操作方法。

首先点击微信界面右上角的➕图标,弹出相应菜单,点击选择"添加朋友"选项;进入"添加朋友"界面,然后点击"雷达加朋友"选项,即可显示雷达添加朋友界面,如图 1-25 所示。

微商运营者在使用"雷达加朋友"功能添加好友时,需要大家同时开启"雷达加朋友"功能,然后就可以依次添加搜索到的人,雷达可以反复开启,直到所有人都添加完为止。

微商在用雷达同时加多人为好友时,需要注意的是一定要告知对方自己是谁,填写好加人验证信息,在好友通过后,微商要立即给对方设置好备注。

图 1-25 使用"雷达加朋友"功能添加好友进行引流

4．照片记得留标签

微商运营者想让更多的人知道自己的产品，就需要经常在朋友圈中发布自己所经营的产品照片、客户使用照片和自己的生活照片等。同时，微信用户看朋友圈也成为一种生活习惯，看到朋友发照片就会忍不住去点开看一眼。因此，微商在发照片时千万不要忘记在照片上加上自己的微信号。

在照片上加上微商的个人标签，也是将自己的信息传递出去的一种方法，会给微商带来一定的好友人数，同时还能防止同行盗用自己的产品宣传照片，是一种两全其美的方法。

5．加好友要主动出击

微商运营者要主动出击加好友。意思是说，微商运营者可以通过一些用户会留下自己联系方式的平台，找出他们留下的联系方式主动去加他们为好友。

例如58同城这个平台，微商可以在58同城的二手市场中，找到那些转让个人闲置品的用户，记下他们的联系方式，然后通过微信的手机号加好友功能添加他们。这样加人的原因是，因为很多人都是用手机号开通的微信，所以有了他们的手机号，就相当于有了他们的微信号。下面给大家讲一下具体的操作方法。

首先，登录58同城首页，在上方的菜单栏中，单击"二手市场"超链接，如图 1-26 所示。

图 1-26　单击"二手市场"超链接

跳转至"转转"页面，然后再单击相关栏目，这里以"美容保健 艺术收藏"栏目中的"香水"类为例，如图 1-27 所示。

图 1-27　选择相关栏目中的具体类型

跳转至香水转让页面，选择相应信息查看，如图 1-28 所示。

图 1-28　选择相应信息查看

跳转至详细情况页面，在"联系"栏将电话号码记下，就可将其添加到微信通讯录了，如图1-29所示。

图1-29　将电话号码记下并添加

在这里只讲述了其中一个分类的事例，微商运营者可以根据自己销售的产品和对象，用同样的方法进行操作。

1.2.3　微商利用各种微信群收获流量

与朋友圈和公众平台等微信社交功能相比，微信群具有更强的穿透性，用户必须通过微信群"互动"才能体现其价值。虽然好多微商运营者每天都在微信群里晃荡，但仍然不知道微信群应该怎么玩才能快速加人，下面就来介绍怎么利用微信群引流。

微信群是社交O2O的线上平台，很多人都是在线上微信群里认识，然后发展到线下的，加微信群能够扩大自己的社交圈。但是微信群作为一种交流的渠道，最痛恨的是广告，所以软文推广成为主流。如果软文内容质量够高，推送时间卡得到位，目标微信群选择得当，那么引流的效果一定很好。

对于微商运营者个人来说，微信群的最大价值有寻找自己的合作伙伴、价值观输出建立个人品牌以及互动学习获得知识三点。那么如何利用微信群进行引流呢？主要有以下6点，如图1-30所示。

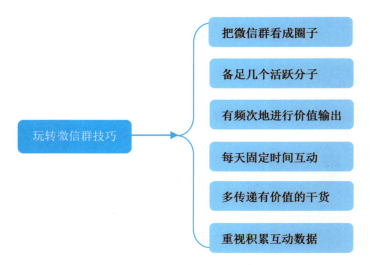

图 1-30　微商在微信群引流要注意的 6 点

1.2.4　微商利用微信的其他方法收获流量

微信中除了以上功能可以帮助微商运营者获得流量外,还有一些微信的常用功能也可以收获流量。

1．微信发红包收获流量

"红包"在近年来是相当火爆的,微信的红包功能也是瞬间就引爆了微信群,这便给微商提供了一招绝妙的引流方法。下面介绍发红包引流的具体步骤。

选择微信群,点击"红包"按钮;弹出"发红包"界面,依次输入红包金额和个数,另外,微商运营者要记得在"留言"处编辑留言信息,这是微信红包中最好的广告位置,很多人对于群里的信息不是很关心,但对于红包是非常有兴趣的;最后点击"塞钱进红包"按钮发送到群里就完成了整个操作,如图 1-31 所示。

在发红包之前,运营者可以让群里的人邀请其他朋友进来抢红包,然后运营者就可以添加被邀请进来的人,这也是引流的一种方法。

2．微信丢骰子送礼品收获流量

这个方法和发红包引流的原理一样,都是将人脉资源的扩张建立在引入朋友的基础上。下面简单说说操作方法。

第一步：建立一个微信群。

第二步：拉好友进来,并设立丢骰子的游戏规则。

第三步：让好友拉一部分人进来一起玩游戏。

第四步：将好友拉进来的人变为新的人脉资源。

图 1-31　微商运营者通过发红包进行引流

3．利用微信好友互推收获流量

在这里要提一下微信新规，对于微信新规的解读是——未禁止公众号互推。什么意思呢？就是说微信团队并没有禁止所有公众号进行互推，但是禁止以利益交换为前提，且具有恶意营销性质的公众号互推行为。了解了微信的新规之后，我们可以利用微信好友帮助微商运营者进行互推，以获得用户流量。

1.3　通过百度平台引流

有些时候我们问别人问题的时候，常常会得到"百度一下你就知道"这样的回答。这句话其实就足以显示出百度的实力了，这么多年过去了，百度依然是人们获取信息和查询资料的重要平台。

所以利用百度平台引流，一定是微商运营者不能错过的选择，而且如果目标受众能在百度平台上找到微商运营者的相关信息，微商就等于获得了流量入口。

下面具体介绍百度几个主要产品的引流方法。

1.3.1　百度贴吧

百度贴吧是一个以兴趣主题聚合志同道合者的互动平台，让拥有共同兴趣的网友可以聚集到一起进行交流和互动，同时，这种聚集的方式，也让百度贴吧成为微商运营者引流常用的平台之一。

通过贴吧进行引流，主要有以下 6 种方法。

1．根据需要选择冷、热门贴吧

微商运营者选择冷门贴吧或热门贴吧进行引流是有很大区别的。选择冷门贴吧的好处是，可以在贴吧中发布广告内容而不会很快被删除；选择热门贴吧的好处很显然，可以获得很高的流量，但如果含有明显的广告，就会被删除。

例如下面就有一个进行引流的冷门帖子，人流量不是很多，但只要搜索关键字"面膜"就能被网友发现，如图 1-32 所示。

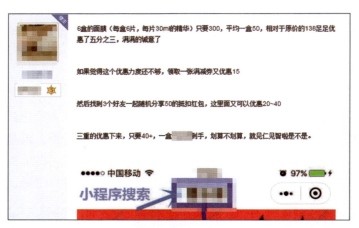

图 1-32　通过发布冷门帖子进行引流

另外，微商运营者可以将二者相结合，更好地利用它们各自的优势进行引流。首先，微商运营者可以撰写一个具有微商店铺或运营者个人详细信息的帖子，然后把这个帖子的链接复制下来，去各大贴吧中找到与微商产品相关的帖子进行回复，并粘贴链接，因为回复帖子是允许插入链接的，如图 1-33 所示。

2．内容涉及宣传一定要用软文

帖子的内容是在贴吧发帖最重要的部分了，这一部分把控的好坏会直接影响贴吧引流的效果，具体如图 1-34 所示。

图 1-33　通过回复热帖植入链接进行引流

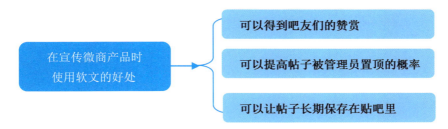

图 1-34　软文帖子的好处

运营者在贴吧中使用软文进行引流，除了图 1-34 所示的 3 个好处外，在工作任务量上面也是很有优势的。运营者在选好要发布的文案后，只需与有兴趣的读者进行互动，解答他们的问题，就可以源源不断地收获用户了，当然这也取决于软文的效果，如图 1-35 所示。

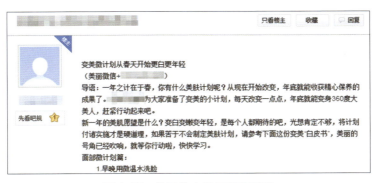

图 1-35　使用软文帖子进行引流

3．内容结合时事热点进行引流

帖子要想成为贴吧中的热门帖，内容一定要结合热点。比如一些时事新闻或者娱乐八卦，都能很好地吸引网友的眼球，从而提高点击率，增强引流的效果。

4．标题关键词设置要有吸引力

标题关键词设置的重要性已经不需要强调了，关键词越多，被搜到的可能性就会越大。

5．充分利用目前火爆的直播功能

目前各大平台的直播功能都很火爆，还出了专门的直播 APP，所以，贴吧的直播功能也是一个很好的引流方法。

下面简述在百度贴吧手机端进行直播的方法。

打开手机百度贴吧，首先点击 ➕ 图标，弹出相应界面，再点击"直播"按钮，就可以在贴吧中进行直播了，如图 1-36 所示。

图 1-36　在百度贴吧中直播进行引流

6．申请成为贴吧的吧主

在百度贴吧里面，维持贴吧秩序的，除了百度管理员，就是贴吧的吧主了。如果能很好地运营一个贴吧也能获得非常可观的流量。

在百度贴吧中，有非常多的没有吧主的小贴吧，微商运营者可以尝试着去申请吧主，然后利用吧主的权限在贴吧内发布相关信息进行引流，同时也要对竞争对手的广告进行删除，让贴吧内只保存自己的信息。下面就是百度贴吧中一个没有吧主的贴吧，如图1-37所示。

图1-37 申请贴吧吧主进行引流

1.3.2 百度百科

在百度上搜索某一个关键词的时候，排在首页的一定少不了一个词条，就是与搜索的关键词相关的百度百科。例如"棉鞋"百度百科，如图1-38所示。

图1-38 百度百科的位置

微商运用百度百科引流，具有权重高、质量高、转化率高、可信度高与成本低等特点。那么微商如何运用百度百科引流呢？具体有两个方面需要明确，如图1-39所示。

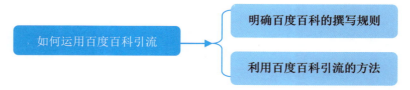

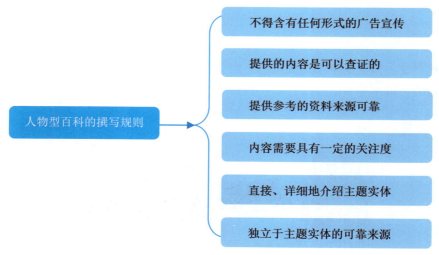

图 1-39　运用百度百科引流要知道的两点

1．明确百度百科的撰写规则

微商撰写百度百科词条更多的是选择人物型的百科，人物型百科的内容一般包括简介提炼、基本信息、个人经历、现状描述、特长以及成绩或荣誉等。

人物型百科的撰写需要满足百度百科的基础收录和编辑规则，违反这些要求，词条将无法通过系统审核，具体规则如图 1-40 所示。

图 1-40　人物型百度百科的撰写规则

值得注意的是，百度百科中含有任何有关个人、机构或产品的宣传以及内容中含推销或宣传的信息，都不会通过审核。写百科的时候，过于自夸、虚假的内容也很难通过审核。所以，好的百科看起来是从第三方的角度去写的，然后再多提炼与自己微店相关的特长、成绩和荣誉。

编写百度百科的技巧如下：写百科之前，多浏览别人写的百科，多学习别人写百科的方式，吸取别人的长处并用到自己写的百科中。

学习百度百科的写作规则，是写百度百科的一个重点。知道百度百科的规则，就能避免一些常见的问题，提高审核的通过率。

每个人都有自己擅长的部分和不擅长的部分，写百度百科可以从自己最擅长的部分开始，这样可以快速进入状态。

2．利用百度百科引流的方法

百度百科并不是宣传工具，它的性质更像是我们用的辞海，是权威性的代表，所以百度百科里是严禁做直接引流的，但是用间接的方式引流还是可以的。

例如，在撰写简介、个人基本信息和个人经历时，可以插入专属的或者排名靠前的关键词；在编辑参考资料时，可以在参考资料来源的文章中放置微信号或联系方式；在添加的图片中，可以加上公司的 Logo 或微商运营者的个人水印。

1.3.3 百度搜索风云榜

热点关键词是每个微商运营者都要知道的东西，并且要保持很高的敏感度。热点意味着曝光率和关注度，也意味着流量和销售量。那么如何找到百度热点关键词来进行引流呢？这里就需要用到"百度搜索风云榜"了。

首先在电脑上打开"百度搜索风云榜"，根据"搜索指数"的高低分析关键词的热度，从而找到合适的热门关键词，如图 1-41 所示。

图 1-41　查看"搜索指数"寻找热词

从实时热点与排行榜上，我们能够知道哪些关键词在百度上被搜索的次数较多，这些被搜索次数较多的关键词就叫作"热词"。然后营销者可以结合"热词"发软文，将自己的产品与关键词融合，在各大门户网站和论坛等平台发表这些融合了关键词的软文。这样，只要网友搜索关键词，就能看到相关的软文，从而达到引流的目的。

1.3.4 百度知道

百度知道采用问答互动的方式，用户可以在该平台上搜索和分享各种知识问答。

微商运营者通过回答问题的方式在百度知道平台引流，把自己的广告有效地嵌入回复中。但需要注意的是，直接在百度知道上发广告是不被允许的。

因此微商运营者要想在百度知道上引流，便要用心做好几点。

(1) 关注相关行业问题。

(2) 争取做第一个回复者。

(3) 用心地回复他人的问题。

(4) 广告不要太明显，将广告隐藏在回复中，进行巧妙的推荐引流。

1.3.5 百度经验

百度经验的权重虽说没有百度百科、百度知道和百度贴吧高，但是百度经验作为一个高质量的外链，效果还是很好的。下面笔者来介绍百度经验的引流方法。百度经验的引流方法的设置主要包括以下几点，如图 1-42 所示。

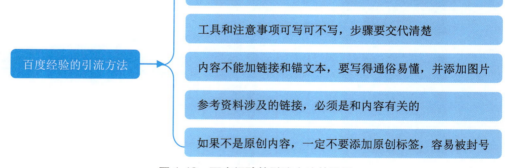

图 1-42　百度经验的引流方法的设置

微商运营者在百度经验平台分享经验进行引流，在图片中插入信息是最简单、实用的技巧，如图 1-43 所示。

图 1-43 在图片中插入信息进行引流

1.3.6 百度文库

百度文库是一个互联网分享学习的开放平台，怎么利用百度文库进行引流呢？利用百度文库进行引流的关键点有三个，具体解释如下。

1．设置带长尾关键词的标题

百度文库的标题中最好包含想要推广的长尾词，如果关键词在百度文库的排名还可以，就能吸引不少的流量。

2．选择的内容质量要高

在百度文库内容方面，推广时应尽量撰写、整理一些原创内容，比如把一些精华内容做成 PPT 上传到文库。

3．注意细节问题

在使用百度文库进行引流的时候，也需要注意一些细节：

- 注意内容的排版，阅读起来舒服的内容更容易被接受。
- 注意文库的存活时间，文库很快就被删掉便实现不了效果。

例如下面就有一个在百度文库中发布优质内容并在其中放置微信号的案例，如图 1-44 所示。

1.4 使用微博平台引流

由纯粹的互联网社交和信息分享平台转化而来的微博，在网络营销时代，以其

图 1-44 利用百度文库进行引流

独特的运营方式，可以无障碍地连通任何阶层地位的人相互之间进行沟通，迅速被人们所热爱和关注。

庞大的用户数对于微商运营者来说意味着巨大的流量和成交量，所以本节主要讲述微商运营者利用微博这个用户数众多的平台进行引流的方法。

1.4.1　140字打造精华成功引流

微商运营者在微博上进行引流，最好的方法是发布140字的微博内容。不过微商运营者在进行软文营销的时候，前40个字就要吸引住网民的眼球，那样才会有效果。另外，也可以使用图文结合的方式，让读者对产品信息有更加直观的了解，从而增加引流的效果，如图1-45所示。

图1-45　发140字微博进行引流

1.4.2　超级话题实现精准引流

微博上常常会出现各种各样的话题，微商运营者可以根据自己经营产品的定位，搜索与之相关的话题，从而找到自己的精准客户群并添加关注私信引流。

如果发现某些用户经常参与"#带着微博去旅行#""#一起去看海#""#欢乐亲子时光#"这样的话题进行讨论，而运营者恰好又是经营旅游用品的，那么运营者就可以通过这样的方法去寻找客户，积极参与此类话题，然后会得到很多评论、赞和转发，在适当的时候再让他们添加自己的微信，进行更深层次的交流。

另外，运营者可以发布相关内容的帖子，而且要具有吸引力，满足话题里的活跃用户的需求。因为话题需要添加关注才能发帖，所以运营者在发帖之前要先对其进行关注。例如，微商运营者可以在微博中搜索与微商相关的话题，选择其中的热门话题进行发帖，从而很好地进行引流，如图1-46所示。

图 1-46 在超级话题中发帖进行引流

1.4.3 利用关键词搜索用户主动添加

微博主页拥有很强大的搜索引擎功能,微商运营者们可以在搜索栏输入与产品相关的关键词。如搜索"碎花裙"这个关键词,就出现了"综合"大版块和"找人""文章""视频""图片"以及"话题"5个小版块,如图1-47所示。

图 1-47 搜索关键词出现 6 个版块

运营者可以在"找人"版块对相关用户进行关注,通过私信的方式与他们进行交流,发展他们成为粉丝,如图1-48所示。

图 1-48 关注精准用户进行引流

微商运营者也可以在"文章"版块中寻找体现用户需求的文章,并关注用户,这样的用户会更加精准,如图1-49所示。

图1-49 搜索文章关注精准用户进行引流

1.4.4 利用简介等待用户自主添加

运营者通过编辑微博简介的方式添加自己的联系方式,可以将微博的流量引到微信上来,如图1-50所示。

图1-50 在简介中添加联系方式引流

1.5 巧借阿里平台引流

阿里巴巴是全球领先的B2B电子商务网上贸易平台,其旗下的淘宝改变了很多人的购物习惯。但是很多人都没有利用这个平台来宣传自己。不过在阿里的平台上做微商的引流要尽量隐蔽,毕竟阿里和腾讯是竞争对手,微商运营者在阿里平台上推广产品很容易被封。

1.5.1 淘宝店铺

在淘宝上开一个店铺,把流量引导到微商运营者的微信上。比如说,在淘宝店铺首页放入微信号,如图1-51所示。

还有一种方法就是占据某个长尾关键词的品类搜索结果的首屏。为什么要设置长尾关键词呢?很重要的一点在于微商销售的模式,因为其商品多为单品,所以如果只设置关键词,则很难被用户搜索到;如果多用一些词来限定,被搜索到的概率更大一些。

图 1-51 在淘宝店铺首页放置微信号

1.5.2 友情链接

在淘宝店铺中放置友情链接是比较实用的引流方式，这样可以增加店铺的浏览量，从而提高运营者放置的微信号码的曝光率，达到引流的效果。

友情链接的方式有以下 4 种。

- 与高等级的淘宝店铺交换友情链接，这里的高等级是指钻级或者皇冠级的淘宝店铺。想要与这样高等级的店铺交换友情链接是有一定难度的，但是凡事无绝对，多沟通还是有机会成功交换的。
- 有目的性地交换友情链接。不要随便交换链接，那样意义不大，最好是与同行交换，这样才能更好地抓住目标顾客。
- 与有实力的新手淘宝店铺交换友情链接。每个店铺都有各自的优势，新手店家也是一样。
- 与合作伙伴交换友情链接。选择合作伙伴，要选择志同道合的，这样才能抓住顾客。

1.5.3 淘宝商品评价

在淘宝上购买产品后，有一个评价以及追加评价的功能，这个评价的功能是可以用来引流的。

用淘宝评价功能进行引流，一定要选择与自己产品同类的商品，或者与自己产品的受众群体一致的商品。有精准的受众加你，引流的效果才会达到，所以淘宝评价也就相当于一个展现信息的地方。

在淘宝购物时，在"我的订单"页面中单击"追加评价"按钮，在追加评价时可以留下自己的微信号，进行引流，如图 1-52 所示。

图 1-52 追加评论引流

1.5.4 点点虫

点点虫是淘宝开发的移动好友互动平台，主打年轻人社交，现在虽然不是很普及，但其用户的定位比较精准。因此微商运营者可以开通一个点点虫的账号，加一些好友，再把这些好友导入运营者的微信里。

1.5.5 诚信通

诚信通是阿里为从事国内贸易的中小企业推出的会员制网上贸易服务。

诚信通既为中小企业主提供贸易服务，也为中小创业者提供找货源的服务，所以这个平台也是微商可以利用起来进行引流的。

利用诚信通进行引流的方法如图 1-53 所示。

图 1-53 利用诚信通进行引流

1．直接搜索手机号码添加微信好友

诚信通店铺的联系方式里一般都有厂家负责人的手机号码，现在手机号码一般都与微信是绑定的，所以可以直接搜索手机号码添加微信好友。

2．通过诚信通旺铺发布货源信息

注册申请一个诚信通旺铺，发布货源信息，可以寻找代理商。

1.5.6 阿里生意经

阿里生意经和百度知道类似，是阿里巴巴为广大用户提供的通过问答的形式解决商业难题、积累商业实战知识、进行商业交流的平台。阿里生意经的首页如图1-54所示。

图1-54 阿里生意经首页

微商运营者可以在生意经首页选择与产品相关的问题进行回答，巧妙地插入产品信息或者微信号。在阿里生意经里，对于打广告与发链接的行为管理得比较严，要引流还是隐蔽一些为好，因为不管是提问还是回答，不符合生意经原则的要求，都不会通过审核。

1.6 点击@得流量

对于@大家应该都不陌生，自2009年9月25日新浪微博官方博客发表博文《@功能上线，微博上交流更方便》后，中国的微博@时代就诞生了。

@谐音"爱他"，是用来提醒他人查看自己所发布消息的工具。

1.6.1 点击 @ 得微博的流量

微博是一种将信息以裂变的方式传播出去的平台，在这样一个平台上，使用微博中的 @ 功能进行主动引流也是个不错的方式。

在微博上使用 @ 功能进行主动引流，主要是主动 @ 微博的大 V 或者精准的账号。

在微信里面，如果想和一个行业的达人互动，可能会存在难度，但是在微博里就很容易实现。

比如，微商运营者是做化妆品方面的产品，那么就可以在微博上搜索一些与"化妆"相关博主的微博，如图 1-55 所示。

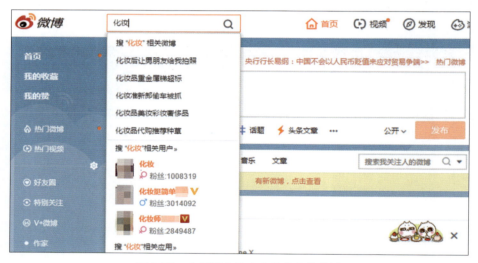

图 1-55 在微博上搜索化妆达人的微博

关注几个化妆达人的微博。一般关注的化妆达人可以是时尚达人、化妆品牌创始人、化妆师等。在关注后，可以将他们放入一个分组内并保存。

然后就可以主动发微博并 @ 这些化妆行业的大 V，还可以与他们的粉丝进行互动。他们的粉丝对于做化妆品的微商运营者而言，也算是精准受众群体了。

如果有机会的话，也可以与这些微博大 V 达成合作。他们在微博资料里也有放入合作 QQ 的，完全可以直接加 QQ 进行合作沟通，如图 1-56 所示。

而且这些大 V 大多都有自己的个人微信或者微信公众平台，通过微博也能更快找到合适的资源，实现精准受众的引流。

图 1-56　资料中含合作 QQ 信息

1.6.2　点击 @ 得 QQ 空间的流量

微商运营者如果要运用 QQ 空间中的 @ 去获得更多流量，最主要的用法一般来说有以下两种。

1．发说说时主动 @ 好友浏览

当微商运营者在使用 QQ 发表说说的时候，可以对这条说说的可查看权进行设置，也就是运营者有权决定不让谁看，有权特别提醒谁看。

对于那些想让他们看见的好友，就可以利用 @ 功能，主动引导他们浏览说说；对于不想让他们看见的人，就使用"部分好友不可见"功能，具体效果如图 1-57 所示。

图 1-57　发表说说时使用 @ 工具

2．发表空间日志时主动通知好友阅读

微商运营者在自己的 QQ 空间发表一篇跟所经营的产品相关的日志时，如果想要让更多的客户关注到这条说说，就可以使用日志中的"通知好友"功能，主动让他们进入你的空间阅读你的这篇日志。需要注意的是，使用"通知好友"功能，最多可以通知 30 个好友，如图 1-58 所示。

图 1-58　发表空间日志时使用"通知好友"功能

1.6.3　点击 @ 得微信朋友圈的流量

微商运营者如果要得到更多的朋友圈的流量，那么可以学会使用微信朋友圈的 @ 功能。

使用这个功能时，先打开微信朋友圈，进入编辑微信的界面；在文本框中输入要描述的文字，点击"@ 提醒谁看"按钮，然后选择需要 @ 的微信好友（最多可以同时选择 10 个），接着点击右上角的"确定"按钮；回到编辑界面后，点击右上角的"发送"按钮，完成微信 @ 好友的操作，如图 1-59 所示。

图 1-59　微信 @ 好友操作

信息发送成功后，好在就可以在微信朋友圈看到刚刚发布的消息了。另外，在界面底部还可以看到被 @ 的微信好友名称。通过 @ 功能，可以让微信好友很快关注到运营者所发布的消息。

1.6.4 点击 @ 得线下沙龙的流量

可能很多人会好奇，@ 功能不是只能线上使用吗？线下怎么使用啊？其实 @ 功能在线下的使用就相当于是利用 @ 功能进行线下引流，把线下资源转到线上来。

举个很简单的例子：线下沙龙一般会举行各类活动，在活动结束后，可以要求大家发朋友圈总结沙龙的内容或者发表自己参加这次沙龙的感悟，然后在发朋友圈的时候，@ 一下沙龙的主讲人，主讲人随意说个数字，在 @ 他的人中进行抽奖。

这样的用法会提高大家参与沙龙的积极性，达到比较好的引流效果。

1.7 借用其他平台引流

除了前面几个我们经常会想到的可以帮助微商获得流量的平台之外，其实还有一些经常被我们忽略的平台也是可以帮助微商获得流量的。

1.7.1 借邮箱得到流量

利用好邮箱这个通信工具，可以帮助微商运营者赢得更多的精准受众。邮箱引流可以通过写邮件的形式与客户互动，向他们传达想要表达的内容或传递信息。邮件种类可分为以下 3 种。

1．客户欢迎邮件

欢迎邮件就是给所有新加微信或微信公众号的客户发送一封正式的欢迎邮件，除了正面反馈客户的加入行为外，还起到一个提醒客户加入能够获取价值的作用。在欢迎邮件中，恰当加入新加入客户的特惠或专属活动内容，可以让客户感觉更贴心。

2．产品情况邮件

产品情况邮件是指微商运营者在售卖产品的过程中，当产品的库存不足或者补货的产品到货时用来通知客户的邮件。

3．关心客户邮件

关心客户邮件是指微商运营者在一些特别的日子，如客户的生日、店铺周年庆以及各种节日等发送问候邮件，这样很容易联系和培养与客户的感情，如

图 1-60 所示。

图 1-60　通过邮件进行引流

在邮箱收到这样一封邮件时，可能用户都不一定认识发邮件的人，更别说支持他的店铺了。不过，对于祝福之类的话语，任何人都不会反感，更何况还有两张无门槛的优惠券，这能吸引很多人添加运营者的微信，从而达到引流的目的。

1.7.2　借电视节目得到流量

电视节目引流是指要利用那些有续集的电视节目，也就是那种隔段时间播放一次的电视节目，如《烈火如歌》。那么，微商怎样借助连续的电视节目引流呢？

具体做法是，在"优酷指数"首页，选择一部当前比较热门的有续集的电视节目，单击其超链接，进入这部电视节目的最新更新情况界面。之后微商运营者可以在任何一个地方发帖时，加上该节目的相关续集信息，如"《烈火如歌》第XX集"这样的关键词，并且将该关键词放入标题中，这样就很容易被那些关注该电视节目的用户搜索到。然后就可以利用一些资源引导用户添加好友了，如图 1-61 所示。

图 1-61　借电视节目得到流量

1.7.3　看电子书得流量

大部分人在紧张的工作、学习之余都会选择休息一下，放松自己，电子书会是大部分人的选择。电子书相对于纸质书来说方便携带，尤其是在上下班的路上，工作、学习的休息时间，掏出手机或者其他的工具轻轻一点，就可进入书中的世界。

每种引流方式都有其特点，电子书引流有相对于其他方法来说，具有制作简单且成本低、可离线传播、传播时效长、引流不限行业与可升级为电子杂志 5 个特点。

根据电子书引流的特点，微商在利用电子书进行引流的时候会有 4 个方面的优势，具体如图 1-62 所示。

微商如要利用电子书引流，必须先学会让自己的电子书传播出去的方法，这样才能进行引流。方法主要有以下 6 个。

(1) 在微商经营相关领域的专业论坛发帖。

(2) 在新浪开通博客并发表博文。

(3) 在百度知道里回答相关问题。
(4) 提交到资源网站供大家下载分享。
(5) 上传到微商行业相关 QQ 群共享。
(6) 在专门的电子书网站进行分类提交。

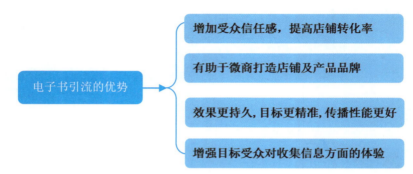

图 1-62　电子书引流的优势

1.7.4　传云存储得流量

在微商引流的各种方法中，还有一种经久不衰的方法，那就是利用现在的各种云存储渠道获得流量。现在的云存储各种各样，在为人们解决文件存储的同时，也为微商运营者提供了一个引流的好渠道。

云存储引流在微商引流的所有方法中是使用历史比较长的。云存储具有成本低、传播时间长、传播速度快和传播范围广等特点。

微商运营者在利用云存储引流时，要善于用内容分享的形式，具体方法可以参考下面例子。

图 1-63　云储存引流

在进行云存储引流时，运营者可以找一些软件资源发到网站上，文章里面这样写："某某软件或某某资源，需要的可以加我微信！"并在文章下附上软件的截图，写上自己的微信号，再加上自己的微信二维码，如图 1-63 所示。

这个方法适用于那些有不错的软件资源的微商运营者。

1.7.5 借不同微商行业得流量

通过不同行业微商获得流量，是指两个或者两个以上的个人微商、企业微商之间进行合作来实现获得更多流量的办法。这种合作的前提是合作者之间是没有利益冲突的，就像卖儿童玩具的可以和婴幼儿培训机构合作，卖护肤品的可以和健身俱乐部合作等。

合作的方式可以是互相宣传提高各自知名度、双方交换客户信息等形式。值得注意的是，不同行业微商合作，要挑选自己信得过且会带来效益的合作对象。

1.8 微商线下引流

在如今的网络时代，线上引流方式渐渐成为微商运营者引流的主要方式，但这并不意味着线下引流会被淘汰，其实，线下引流运用得好，同样可以达到意想不到的效果。本节主要讲述适合微商运营者线下引流的几种活动，如图1-64所示。

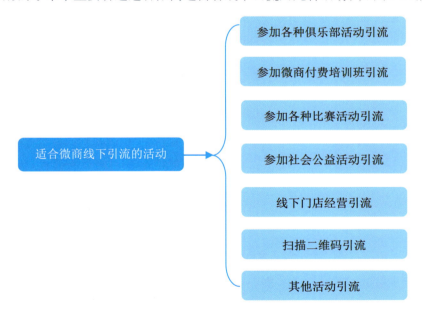

图1-64　适合微商线下引流的活动

1.8.1 参加各种俱乐部活动引流

参加各种俱乐部活动是微商运营者线下获得流量的一种好方法。俱乐部是一群志趣相投的人在一起交流的社交类活动，如图1-65所示。

图 1-65　俱乐部活动

这些人聚在一起，可以针对共同的兴趣爱好发表自己的看法，参与者之间的关系比较融洽。

微商运营者在参加俱乐部活动的时候，要对参加的活动进行筛选，要明确哪些形式的活动对引流更为有利，如图 1-66 所示。

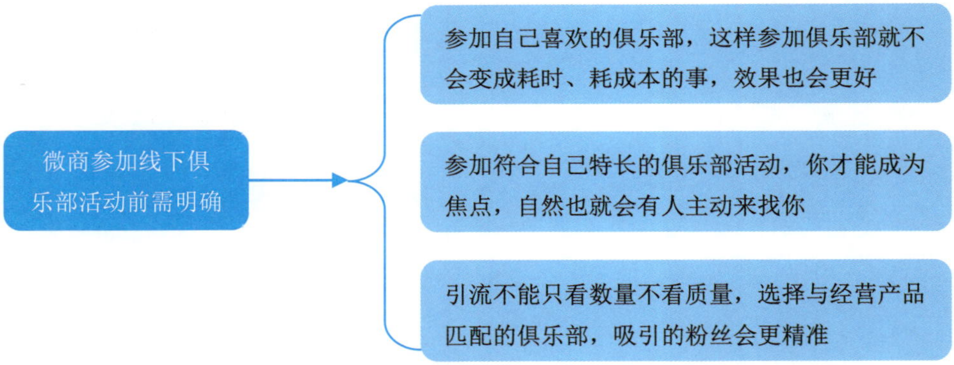

微商参加线下俱乐部活动前需明确
- 参加自己喜欢的俱乐部，这样参加俱乐部就不会变成耗时、耗成本的事，效果也会更好
- 参加符合自己特长的俱乐部活动，你才能成为焦点，自然也就会有人主动来找你
- 引流不能只看数量不看质量，选择与经营产品匹配的俱乐部，吸引的粉丝会更精准

图 1-66　微商参加线下俱乐部活动前需明确的方面

微商引流的目的是让更多潜在客户转换成目标客户，要做到这一点，以上提到的几点就一定要清楚。这是进行线下引流的前提，有目标地进行引流，才能得到最好的效果。参加线下俱乐部活动还有一些小技巧，具体如下。

1．签到处放置二维码

微商运营者在参加俱乐部活动的时候，可以在俱乐部签到处放上微店的二维码，方便别人快速扫描添加微信号。这样的方法增加粉丝速度非常快。

2．为俱乐部活动提供商品支持

微商运营者在参加俱乐部活动的时候，可以给俱乐部提供一些带有自己微信号或者其他联系方式的产品，让俱乐部送给每个活动参与者做纪念品。例如，食品微商可以给俱乐部提供零食，让俱乐部主持人在最后感谢的时候提到自己的店铺和食品。

1.8.2 参加微商付费培训班引流

微商的培训课程分线上、线下两种，线上的大多是免费的，而线下的大部分是需要付费的。

线下培训的好处有以下几点。

- 面对面教学，将复杂的网络营销课程进行分解。
- 每天安排具体的课程和作业，实现学用的结合。
- 严格的教学监督，与同学互帮互助，战胜惰性。
- 全方位的培训，可以获得写作能力和演讲能力。
- 一起参与培训的同学成为既定的人脉资源。

一般微商线下培训班的培训内容大部分会包括微模式、微产品、微粉丝、转化系统、团队执行以及自媒体品牌几方面。

参与付费培训自然要把握好人脉，这些人脉是你说一句"我们互粉吧"就能成功加入微信的。而且因为大家都是要做微商的，可以在以后进行好友互推；如果是做同类的产品，还可以进行粉丝共享。

1.8.3 参加各种比赛活动引流

之前说过，可以参加线下俱乐部或者参加培训班引流。微商要想获得更多流量，还可以去参加各种比赛活动，比如创业大赛，如图 1-67 所示。

微商运营者在参加各种比赛的时候，需要清楚活动的规模，要尽量选择那些规模大的，这样参与人员才会多，关注的人也会更多，对提升微商运营者自身的知名度和影响力都会有帮助。

就拿微商创业大赛来说，这是一个微商展示自己的绝佳舞台，可以让大家看到运营者的各自优势。将这样的比赛利用起来，突显自己的特长和优势，并积极参与互动的环节，被看比赛的人记住，自然就会有人来主动添加好友了。

图 1-67　微商创业大赛

1.8.4　参加社会公益活动引流

在我们的生活中，会举办各种各样的公益活动，微商运营者也可以积极地参加这些社会公益活动。

微商运营者参加社会公益活动，不仅能对社会做贡献，在粉丝中树立好形象、传播正能量，还能在活动中拓宽人脉圈，获得流量；另外，如果被媒体关注到，那所获得的关注度会急剧增长，从而获得意想不到的好处。

例如，有的微商运营者在做公益时被齐鲁晚报进行报道宣传，如图1-68所示。

图 1-68　知名媒体对公益活动进行报道

微商运营者多参加公益活动，不仅能真正帮助到别人，也能帮助自己的事业，对树立团队形象、树立品牌形象都很有帮助。

1.8.5　线下门店经营引流

针对有自己门店的微商来说，微信最大的好处是把陌生客户作为资源，不管成交与否，只要加了微信，就能做生意，这样，店里的流失率就能控制在最小的范围。

门店是一种很好的线下引流渠道，有实体店的微商一定要好好利用这个资源，那么线下门店引流具体该怎么去做呢？以下就是它的具体方法，如图1-69所示。

图1-69 线下门店引流的具体方法

有自己门店的微商在做到以上几点后，接下来要做的就是坚持坚持再坚持，只有长期坚持才能看到成效。

1.8.6 扫描二维码引流

扫码获得流量相信对很多微商运营者来说都是很常用的一种方法，利用扫描二维码可以有效地获得很多流量。二维码线下引流有以下3种方法。

1．扫传单二维码获得流量

微商可以自己制作传单，在传单上写上一些关于自己产品的活动信息，并且在传单上附上自己微信的二维码图案，然后到人流量多的地方去发放传单，并且告知大家扫传单上的二维码有礼品相送。下面就是扫传单二维码送礼品的活动现场，如图1-70所示。

2．扫衣服二维码获得流量

微商运营者还可以将自己微信的二维码印在衣服上，并写上"扫码有惊喜"或者"送礼品"等具有吸引力的字眼，同时还可以利用美女效应吸引大家的眼球，让更多人来扫描二维码，如图1-71所示。

将二维码印在衣服上的时候，一定要注意二维码的可用性，要确定二维码是可以扫描出来的。其实除了将二维码印在衣服上之外，还可以将二维码印在人的身上，如胳膊和手背等地方。

图 1-70 到人流量多的地方发传单

图 1-71 在衣服后面印上二维码

3．扫产品二维码获得流量

产品就是微商最大的资源，在产品上贴二维码，可以发展潜在客户。如图 1-72 所示就是在产品上贴二维码的示例。

图 1-72 产品上贴二维码引流

1.8.7 其他活动引流

微商线下引流的方式除了上述所说的那些外，运营者还可以从自己生活中去发掘其他线下获得流量的方法。

相信大家经常都会在网上购物，那么对于快递肯定不陌生。快递其实也是微商运营者获得流量的一种好途径。

1．快递线下引流

快递引流法就是让快递人员帮忙宣传引流的一种方法。快递员引流法有两大优势：一是接触的人流广，二是接触的人群大部分是热爱购物者。所以，对于微商来说，快递员的手中掌握着大量的有用资源。

快递引流法的前提是和当地快递人员打好关系。打好关系后，运营者就可以印一些宣传单，在上面印上自己的微信号，然后和快递小哥商量，让他们送货和收货时帮忙发一下。

2．外卖线下引流

外卖引流法就是让外卖人员帮忙宣传来获得流量的方法。它的操作方式和快递引流差不多，不过因为点外卖的人都是关于食品的，微商运营者如果是经营食品方面的产品，效果可能更佳。

1.9 利用 APP 得流量

APP 就是移动应用程序的简称（也称手机客户端），APP 引流就是指通过各种移动应用程序，将 APP 的受众引入微商店铺的方式。APP 的引流特点就是集资讯、购物、社交、娱乐以及搜索等功能于一体，可以为微商运营者提供完善、便捷、多样和高效的引流方式。

1.9.1 利用社交类 APP 得流量——陌陌年轻人的最爱

微商可以通过社交软件，结交有共同爱好的人，并通过与人交流、互动寻找精准的目标受众，从而达到引流的目的。《互联网周刊》最新发布的社交类 APP 分类榜单前 5 名分别是：微信、QQ、微博、QQ 空间和陌陌。

下面以陌陌为例，介绍社交类 APP 的引流方法。

陌陌是 2011 年 8 月陌陌科技推出的一款基于 LBS 的移动社交产品。陌陌不需添加好友，只要互相关注就可以发消息，且陌陌的消息会标记已读和发送，这样就能知道关注的人是否查看过消息。

陌陌还可以显示关注对象上次登录的时间和距离，可以由此来判断关注对象使用陌陌的频率。

微商运营者利用陌陌引流时，应该怎么设置自己的信息呢？其实可以根据陌陌的特点来进行设置，具体如图 1-73 所示。

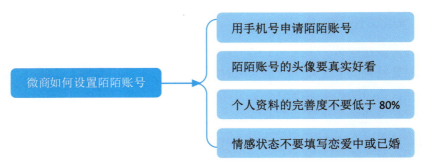

图 1-73 微商如何设置陌陌账号

微商运营者主要利用陌陌的动态、圈子和群组版块进行引流。下面详细讲解利用这 3 个版块进行引流的操作。

1．发布附近动态进行引流

很多社交 APP 都有"附近的人"版块，但在这方面都没有陌陌做得好。陌陌不仅有附近的人功能，还有附近动态这一强大入口。一个熟悉地点的具体时间，一条附近动态，能给人以真实可靠的感觉。

因此，微商运营者可以通过发布动态的方式，让附近的人对其进行好友添加。这里简述在陌陌中发布附近动态的方法。

首先点击 ⊕ 图标，弹出菜单选项；点击"更多"按钮，进入"发布动态"界面，编辑文字和图片内容；最后点击 ✓ 图标，完成在陌陌发布动态的全部操作，如图 1-74 所示。

图 1-74 在陌陌发布动态引流操作示例

2．加入圈子进行引流

陌陌推出的"圈子"版块，跟 QQ 的兴趣部落和微博的话题类似，都是基于兴趣的用户聚集圈。下面是陌陌"圈子"的流量入口和主页，如图 1-75 所示。

图 1-75　陌陌"圈子"流量入口和主页

微商运营者可以选择与产品相关的圈子进行发帖引流，也可以在圈子里对精准用户进行关注，通过"对话"的方式进行引流；另外，圈子中设有"群组"版块，运营者可以通过加入群组的方式进行引流。

下面介绍如何在圈子中发布帖子进行引流。以"吃货"圈为例，进入"吃货"圈主页，点击"发布帖子"按钮；进入"发布帖子"页面，编辑标题、文字和图片，点击 ✓ 图标，完成整个操作，如图 1-76 所示。

图 1-76　在陌陌圈子中发帖引流

3．加入群组进行引流

上面我们提到了在"圈子"版块里有个群组的分类，其实在陌陌 APP 中，群组是有独立流量入口的。群组是一个基于兴趣的用户聊天群，同 QQ 群类似，是微商运营者在陌陌引流的重要版块之一。下面讲述运营者在群组引流的操作方法。

首先，打开陌陌 APP，进入陌陌首页，点击 ▦ 图标；在弹出的很多小版块中找到"附近群组"按钮并点击，如图 1-77 所示。

图 1-77　找到"附近群组"按钮并点击

然后，在搜索栏中输入与自己产品有相关性的关键词寻找群组。以销售运动服的微商为例，可以选择"健身"类的群组；找到活跃度高、用户数多的群组，点击"加入"按钮申请加群；在弹出的"申请加入群组"页面中编辑加群理由，如"健身爱好者"；点击 ✓ 图标，等待群主同意就可以了，如图 1-78 所示。

在群里，活跃积极的人容易被记住。运营者想要在群组里推广产品，一定不要直接打广告，应该侧面挑起话题，比如说一句"最近健身怎么怎么样"，有同样感受的也会出来聊；聊开了，再自然引申到产品上来，如"我用 ×× 感觉很不错，你要不要试试"，然后再顺理成章地添加微信好友进行详谈，达到引流的目的。

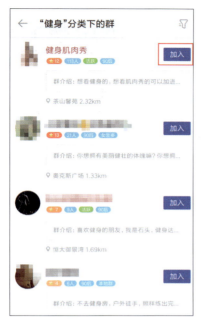

图 1-78　选择相关群申请加入

1.9.2　利用购物类 APP 得流量——时尚女性选择美丽说

手机购物已然成为年轻人的新型购物方式，微商自然不能错过利用购物类 APP 进行引流的机会。在这些购物类 APP 中，主要还是通过发帖、分享和购买商品进行评价的形式来进行引流。

美丽说 APP 中的店铺商城，也成了微店的一种。微商运营者进行引流，除了可以直接使用美丽说内部的广告投放工具外，还可以利用频道。下面就是利用"好物推荐"频道引流的示例。

用户在打开美丽说 APP 时，点击"好物推荐"按钮，就会弹出一个相关的商品推荐界面；点击其中感兴趣的图片，就跳转到商品购买界面，从而让商品有更多的曝光度，如图 1-79 所示。

另外，微商运营者也可以将美丽说中的商品链接分享到朋友圈或其他平台，吸引更多人的注意。下面是分享界面和可用的分享方式，如图 1-80 所示。

图 1-79 利用"好物推荐"频道引流示例

图 1-80 将商品分享到其他平台进行引流

1.9.3 利用电台类 APP 得流量——随时随地喜马拉雅 FM

  电台类 APP 是一种人们用来休闲放松的应用软件,各类电台 APP 都拥有丰富的功能分类,微商也可以从这类电台中获得大量流量。如可以通过建立一个微商经营方法的电台节目、购物分享的节目、跟自己所经营的产品相关的兴趣爱好的电台节目来进行引流。

微商运营者可以在电台里留下自己的微信号、微信公众号等联系方式,在固定的时间更新电台的节目,用电台传达自己的经验,感兴趣的人自然会找上门来。电台类的APP有喜马拉雅FM、荔枝FM、蜻蜓FM和豆瓣FM等。

喜马拉雅FM是国内知名的音频分享平台,于2012年上线,在2013年3月推出了手机APP,注册用户迅速增长,经过短短几年的发展,成为国内音频分享平台的领跑者。

在2017年6月的报道中显示,喜马拉雅FM的用户数已经超过3.5亿,主播有500万,占据73%的市场份额,因此,微商运营者选择在喜马拉雅FM进行引流,也是有很大空间的。

下面是喜马拉雅FM的首页,如图1-81所示。

喜马拉雅FM分类很详细,包括有声小说、畅销书、儿童、娱乐、知识、生活以及特色类型,为读者提供了更方便的阅读导航,同时也为微商运营者在进行引流时提供指导,以确定发布的音频能定位到精准的用户,达到引流的效果。

图1-81 喜马拉雅FM首页

1.9.4 利用女性工具类APP得流量——"大姨妈"呵护女性

如果微商运营者经营的是女性产品,那么就可以把女性工具APP充分利用起来进行引流。在女性工具APP里面,女性的关注点都非常集中,能够轻松找到非常精准的目标受众,发起话题得到关注的成功率更高,引流效果更佳。最常见的几种女性工具APP有美柚、"大姨妈"、穿衣助手、最美发型和美妆心得等。

下面笔者以"大姨妈"APP为例,来介绍利用女性工具APP引流的方法。

"大姨妈"APP是一款专注女性健康的手机软件,拥有超过1.2亿的注册用户,活跃用户5000万人以上,是经营女性产品的微商运营者需要重点开发的平台之一。如图1-82所示为"大姨妈"APP的首页展示。

因为平台的独特性,在"大姨妈"APP进行引流,主要有两种引流渠道:一个是APP本身自带的商城入口,微商运营者可以在商城中开设店铺,利用平台本身的流量来增加自己的流量;另一个,就是通过发帖与网友互动进行引流。

下面简述利用"大姨妈"APP发帖与网友互动进行引流的方法。

首先点击"姐妹说"按钮,进入"姐妹说"界面;点击  图标,如图1-83所示。

图1-82　"大姨妈"APP首页　　图1-83　点击"姐妹说"按钮后点击  图标

执行操作后,进入编辑界面,对帖子的封面、标题、内容以及图片进行添加和编辑;然后点击"下一步"按钮,进入"选择小组"界面,选择需要发布帖子的小组名称;最后点击"发布"按钮,就完成了发布帖子的全部操作,如图1-84所示。

图1-84　编辑内容并发布

运营者在帖子中要进入小组话题，才能得到小组成员的认同。分析小组成员的年龄段与生活状态，找到恰当的话题，迅速同她们打好关系，以便进行添加好友或互换联系方式，这样即达到引流的目的。

1.9.5 微课类 APP——千聊让学习更有趣味

知识付费越来越成为一种趋势，而且有很多平台开通了内容付费功能，这样一方面节省了读者筛选内容质量的时间，同时也为知识分享者提供一定的收益，算是对优质内容提供者的一种鼓励。

因此，市场上就衍生了一系列以优质内容分享为主的微课平台。常见的微课APP 有网易云课堂、袋鼠先生、腾讯课堂以及千聊等。

有条件的微商运营者可以尝试在这种微课 APP 上开设课程，这对于引流也是很有帮助的。有价值的知识能给读者带来很多好处，他们是不会吝啬对向他们提供知识的好老师进行鼓励的。所以，一个好的课程往往在打出微商运营者的品牌的同时，也能收获可观的粉丝数。

下面以千聊 APP 为例，简述在千聊 APP 上开设微课进行引流的方法。

首先进入"我的"页面，点击"直播间主页"按钮；进入"直播间主页"界面，点击"新建话题"按钮，如图 1-85 所示。

图 1-85 进入直播间首页，点击"新建话题"按钮

执行操作后，进入"新建话题"界面，编辑直播主题内容，选择直播开始的

时间与形式；点击"下一步"按钮；弹出"新建话题"的第二步操作界面，选择直播的类型，点击"完成"按钮，如图 1-86 所示。

图 1-86　编辑直播主题内容与相关设置

执行操作后，进入直播间，运营者可以在底部点击"语音""文字""媒体库"和"课件"按钮，打造直播间内容；也可以同上课的网友进行交流，获得他们的好感，达到引流的目的，如图 1-87 所示。

图 1-87　打造直播内容

另外，运营者可以暂时退出直播间编辑课程的介绍页，点击"编辑介绍页"按钮，进入"设置信息"界面，在"主讲人介绍"处编辑运营者联系方式，让感兴趣的读者进行添加，如图 1-88 所示。

图 1-88　编辑"主讲人介绍"让读者添加微信

第 2 章
微信快速引爆人流

学前提示

微信营销是当今最普遍的一种营销方式,微信营销包括个人微信营销、微信公众号营销和微信小程序营销,这三者都是很有效的微信营销手段。

事实上并不是每一个运营者都能熟练地运用好微信营销、快速地吸引流量。因此,本章主要向读者们介绍如何使用微信、公众号和小程序来引爆人流、获得财源。

- 个人微信引流——9种实用个人微信引流术
- 微信公众号引流——15种常见的吸粉妙招
- 借媒体矩阵——20家新媒体平台海量引流
- 小程序线上引流——多管齐下让引流效果倍增
- 小程序线下引流——4种手段让小程序更加火爆

2.1 个人微信引流——9 种实用个人微信引流术

微信的用途很多，它可以用来聊天、交友和玩游戏等，除此之外，它还是助人发展事业的平台。但是，也不是人人都能把微信营销做好，做好微信营销的第一步就是"拉新引流"。

拉新引流，顾名思义，就是拉新用户、引入人流，简单来说，就是添加很多好友。通常个人微信营销者最开始想到的拉新引流办法是 QQ 群、附近的人，但是往往惨遭被无情踢出群的结果，因此，引流要讲究方法。下面笔者为大家介绍一下个人微信的拉新引流之术，这些招数和公众号引流具备一些共通性。

2.1.1 文案推广，增粉技巧

微信的文案推广法是微信引流技巧中比较常见的一种方法，指在网站上发布文案来进行推广和吸引人流，这种方法利用的是读者的好奇心和营销者的利益心，文案推广法的具体步骤如下。

首先选择某个流量大的网站，比如贴吧、论坛与淘宝等。

发表一篇文案或者在别人的评论和留言处写上自己的文案，把自己的微信号嵌入文案中。例如内容可以这么写："教微商怎样快速增粉，3 小时 500 好友，100% 免费大放送，请加微信号 ×××× 获取方法。"

文案推广这种方法的好处在于：增粉的方法就是文案本身，文案可以自己编辑，也可以从同行处借鉴来，且文案发送渠道是免费和无限制的，不需要耗费大量的物力、财力。但需要注意的是，文案的添加对象要多面向想做微商的朋友或者刚开始进入微信营销行业的人群。

文案推广唯一的缺点就是具有时效性，一般来说，文案推广使用的招数基本相同，而相同的东西多了，就会使读者失去新鲜感和好奇心，渐渐失去吸引力，甚至有时候这样的推广方法多了，大家反倒会嫌烦。由此可见，文案的撰写是非常重要的，建议尽量使用原创文案，如果自己文笔不好，可以让身边文笔好的朋友帮忙编辑一下。推广文案一般最多不超过 50 字。

2.1.2 资源诱导，搜寻吸粉

微信营销者根据自己的产品和行业去寻找一些别人搜寻不到却想要的有用资源，发布到网站上，进行引流和吸粉。下面举几个例子教大家如何进行资源诱导。

1. 关于软件的资源

可以这样做：随便在一个网站上发布一句："×××软件，不知道大家是否需要，有需要的可以加我微信××××！"还可以在文案下附上软件的截图，或者分享部分软件出来，说明："在这里先发一部分，我还有其他的×××软件，如果有需要的可以加我微信××××！"此方法适用于那些有不错的且可传播的软件资源的运营者。

2. 关于视频的资源

可以这样做：关注最近热点的实时视频或者电视剧视频，下载你认为好的视频资源，放到此视频的讨论热点处"《××电视剧》第×集真是太好看了，找不到视频资源的可以加我微信××××，加上立马免费传"。

3. 关于小说的资源

可以这样做：查看百度贴吧、百度问答、百度知道，记录高热度搜索的小说，下载好小说资源后去需要资源的人的问题下进行回复"我有你想要的《××》TXT格式，加我微信×××后马上免费传给你"。

例如，发布在百度贴吧的一个帖子，就利用分享热门视频资源的方式引导网友添加他的微信，如图2-1所示。

图2-1 用资源诱导引流示例

2.1.3 现实人脉，添加好友

我们在现实生活中都有自己的朋友，运营者可以通过添加现实好友的方式增加自己的微信好友数，这样添加的好友质量都是非常高的；另外，也可以让这些好友多多推荐自己，利用熟人效应，使朋友的朋友成为自己的朋友。

不过为了自己账号的安全，一定要记得开启账号保护，以免因为频繁加人导致被盗号，具体操作步骤如下。

打开手机微信，选择微信右下角的"我"选项，点击"设置"选项里面的"账号与安全"，进入"账号与安全"界面，点击"账号保护"按钮；进入"账号保护"界面，点击"账户保护"按钮，显示绿色即为已开启保护，如图2-2所示。

图2-2 开启"账号保护"

除了开启"账号保护"之外，微信的"声音锁"新功能也能有效地预防被盗号的危险，通过识别声音来登录微信。

在"账号与安全"界面，点击"声音锁"按钮；进入"声音锁"界面后，按照操作即可开启声音锁，如图2-3所示。

图2-3 开启"声音锁"步骤

2.1.4 BBS 运行，优势引粉

BBS 全称是 Bulletin Board System，通过在计算机上运行服务软件，允许用户使用终端程序通过 Internet 来进行连接，执行下载和上传数据或程序、阅读新闻和与其他用户交换消息等功能。微信营销者可以利用 BBS 以下 3 点优势进行引流，如图 2-4 所示。

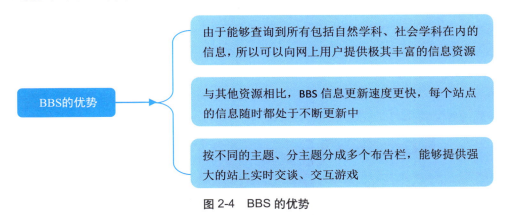

图 2-4　BBS 的优势

目前，国内的 BBS 已经十分普遍，微信营销者可以从以下 3 点入手进行引流。

1．校园 BBS

由各校的网络中心建立起来的，如清华大学、北京大学和复旦大学都建立了自己的 BBS 系统。

2．商业 BBS

主要进行有关的商业宣传和产品推荐等，如手机的商业站、电脑的商业站以及房地产的商业站等。

3．专业 BBS

指部委和公司的 BBS，主要用于建立地域性的文件传输和信息发布系统。

微信运营者可以根据自己产品的定位，在网上寻找相关免费资源，发布内容进行推广引流。例如目标用户人群是女性，就可以发布美容、时尚、购物或者健康等信息，如果能够把普通帖发展成为热帖、加分帖、精华帖、推荐帖和置顶帖的话，就能够吸引更多的人流。

2.1.5 用摇一摇、漂流瓶，交友吸粉

微信里面有两项功能可以吸引到陌生受众，打开陌生人市场。下面就具体介绍这两项功能的吸粉技巧。

1．摇一摇

"摇一摇"是微信里一个很有趣味的交友功能，它是宅男、宅女进行网上聊天和交友的利器，微信营销者可以通过"摇一摇"的方式来利用这部分人的好奇心与交友欲，将产品宣传出去，具体吸粉步骤如下。

进入微信下方的"发现"界面，点击"摇一摇"按钮；进入到"摇一摇"界面后，选定"人"选项，摇一摇手机即可搜索到此时一起玩摇一摇的用户，然后与系统匹配的用户交流就可以了，如图2-5所示。

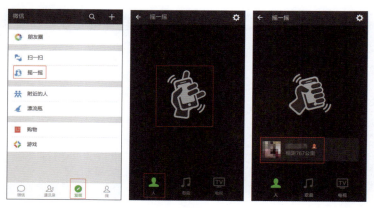

图2-5　"摇一摇"操作简述

2．漂流瓶

除了"摇一摇"之外，微信还有一个可以吸粉的功能——"漂流瓶"，此功能在QQ邮箱里面也有。

与QQ邮箱里面的"漂流瓶"不一样的是，微信里面的"漂流瓶"是在微信里面接收和发送消息，可以看到他人的微信号。如果聊天愉快，可以直接请求互加微信号。漂流瓶的具体吸粉步骤如下。

进入微信下方的"发现"界面，点击"漂流瓶"按钮；进入到"漂流瓶"界面后，点击"扔一个"按钮，弹出编辑界面，编辑要扔出去的瓶子的内容，点击"扔出去"按钮，完成操作，如图2-6所示。

与此同时，在海上捞瓶子的人就会看到运营者扔的瓶子，如果瓶子的内容很吸引人，很快就会有人回应你，而且这些人都是来自四面八方的，没有地域限制。

图 2-6 "漂流瓶"引流操作示例

2.1.6 附近的人，近身招呼

"附近的人"是微信里面的一项功能，与摇一摇、漂流瓶很相似，就如同它的名字一样，指搜索附近的人，系统除了显示附近用户的姓名等基本信息外，还会显示用户签名档的内容。微信运营者也可以用这个来进行引流、吸粉，下面就介绍用"附近的人"进行引流的方法。

进入微信下方的"发现"界面，点击"附近的人"按钮，确定和设置运营者的地理位置，如图 2-7 所示。

 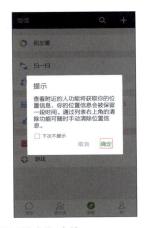

图 2-7 进入"附近的人"功能

确定获取地理位置后,"附近的人"就会自动搜索距离较近的人,微信运营者就可以和他们打招呼了,如图2-8所示。

图2-8 搜索"附近的人"的步骤

如果微信运营者目标用户是女性群体,可以选择"只看女生";如果面向的是男性群体,则可以选择"只看男生";不限制搜索群体,则可以点击"查看全部"按钮。

"附近打招呼的人"是对方已给你发了微信信息的人,如果不想查看"附近的人",也不想被别人查找到时,点击右上角的"清除位置并退出"按钮即可,如图2-9所示。

图2-9 "清除位置并退出"按钮

2.1.7　LBS 推广，精确搜粉

位置签名 LBS 是微信众多功能中最能体现网络营销价值的，它精准的定位功能给很多行业在微信中投放促销优惠信息带来了方便，起到了很不错的引流作用。

比如，在之前讲的微信功能里面那项"附近的人"，就是运用了 LBS 功能，使用户可以查找自己所在地理位置附近的微信用户。

商家利用这个免费的广告位为自己做宣传，是百益而无一害的。现在很多知名的品牌都纷纷利用 LBS 功能来营销推广自己的产品，例如 58 同城、赶集网、百度外卖、美团等。随着 LBS 的覆盖面越来越广，LBS 解决问题的效率也越来越高，这样高效率、高回报、零投资的渠道令微信的实用性更加的强大，更加吸引商户进行营销。

2.1.8　主动出击，寻找号码

目前，微信基本上就是网络上的联系方式了，有很多用户在各种网络平台上留下了自己的微信号码，而这些人可能会有不同的需求，同时他们也希望自己的微信号被其他人添加。因此，微信运营者可以在网络上寻找这种与产品相关的微信号码，主动出击，添加他们为好友。

例如，在百度贴吧"美妆"吧里面的一个帖子，就有很多用户留下了微信号，如图 2-10 所示。

图 2-10　找到微信号码主动添加

2.1.9　线下扩展，增加好友

微信运营者可以通过与线下实体店合作的方式，在门店放置运营者的微信二

维码，引导顾客对运营者的微信进行添加。如果所选择合作的店铺客流量很大，就能为运营者带来很多粉丝。当然，这种方法需要开展一些优惠活动或者促销手段，才能让顾客心甘情愿地添加运营者为好友。

2.2 微信公众号引流——15种常见的吸粉妙招

目前微信平台发展火热，越来越多的个人或者企业开始关注微信公众号。对于微信公众平台运营者来说，微信运营的最终目的是实现商业变现，赚取利益。但是在变现前，微信公众平台需要做的就是引流，因为只有平台拥有了足够数量的粉丝，才能实现真正的商业变现。

那么运营者如何利用微信公众平台进行引流呢？本节为大家讲述微信公众号引流的几种具体方法。

2.2.1 通过大号互推互惠互利

通过爆款大号互推的方法，即微信公众号之间进行互推，就是建立公众号营销矩阵（指的是两个或者两个以上的公众号运营者，双方或者多方之间达成协议，进行粉丝互推），以达到共赢的目的。

微信公众号之间互推是一种快速涨粉的方法，它能够帮助运营者的微信公众号短时间内获得大量的粉丝，十分有效。

相信大家在很多的微信公众号中，曾见到过某一个公众号会专门写一篇文章给一个或者几个微信公众号进行推广的情况，这种推广就算得上是公众号互推。这种两个或者多个公众号的运营者约定好有偿或者无偿为对方进行公众号推广，能很快地见到效果。

运营者在采用公众号互推吸粉引流的时候，需要注意的一点是，找的互推公众号平台类型尽量不要跟自己的平台是一个类型的，因为这样运营者之间会存在一定的竞争关系。

两个互推的公众号之间尽量以存在互补性最好。举个例子，你的公众号是推送健身用品的，那么你选择互推公众号时，就应该先考虑找那些推送瑜伽教程的公众号，这样获得的粉丝才是有价值的。

如图2-11所示，是微信公众号"手机摄影构图大全"与微信公众号"拍照这些事"之间进行的一次大号互推合作。据悉，此次合作之后，双方的粉丝都得到了一定数量的增长。

图 2-11 微信公众号"手机摄影构图大全"和"拍照这些事"互推

2.2.2 通过爆文吸粉引流

在微信公众号运营过程中,在平台建立之初就应该对内容有一个大致的定位,并基于其定位进行内容的安排,也就是需要微信公众号的运营者做好平台的内容规划。这是保证公众号运营顺利进行下去的有效方法。

如微信公众号"手机摄影构图大全"和"会声会影 1 号"就对平台的内容进行了前期规划,并在软文中进行了清楚呈现,可以让读者更好地明白公众号的信息所涉及的范围,如图 2-12 所示。

图 2-12 公众号的整体内容规划

另外，打造微信公众号的爆款软文，需要对一个时间范围内的内容作规划。这样的做法，可以使得微信公众号的内容在一个时间段内有一定的关联性和逻辑性，避免让读者产生阅读的杂乱感。

比如，对一段时间内的微信公众号软文以某一主题为中心进行内容构建，把这一段时间内的软文都准备好，如图2-13所示。

图2-13　微信公众号一个时间段内的主题软文发布

这样既能保证公众号软文的有序性，又能让运营者有软文可发，满足读者阅读的期望心理。

一篇爆文带来的粉丝收益是非常可观的，以微信公众号"视觉志"于2017年9月14日推出的《谢谢你爱我。》为例，这篇文案一经推出，17小时阅读量达到1500万，21小时阅读量达2300万，阅读量4天之内突破5000万。仅凭这一篇文章就吸引了65万的粉丝，这样的数据在行业内可以称得上是一个不小的成就。下面为《谢谢你爱我。》内容展示，如图2-14所示。

图2-14　《谢谢你爱我。》的内容展示

2.2.3 通过线上微课吸粉引流

线上微课是指按照新课程标准及其教学实践的要求，以多媒体资源（电脑与手机等）为主要载体，记录教师在课堂内外教育教学过程中围绕某个知识点而开展的网络课程。

线上微课的主要特点有如下几点。

- 教学实践较短。
- 教学内容较少。
- 资源容量小。
- 资源组成情景化。
- 主题突出、内容具体。
- 草根研究、趣味创作。
- 成果简化、多样传播。
- 反馈及时、针对性强。

例如，"拍照这些事"微信公众号就推出了"有书 零基础手机摄影课"的线上微课，如图 2-15 所示。

图 2-15　线上微课引流示例

2.2.4 开展征稿大赛快速吸粉

运营者可以通过在公众平台上或者其他平台上开展各种大赛活动，进行吸粉引流。这种活动通常在奖品或者其他条件的诱惑下，参加的人较多，而且通过这种大赛获得的粉丝质量较高，因为他们会更加主动地去关注公众号的动态。

运营者可以选择的大赛活动类型非常多，但原则是尽量跟自己的公众号运营所处的行业领域有关联，这样获得的粉丝才是高价值的。

运营者可以根据自己的公众号类型，在平台上开展征稿大赛，可以是为自己的平台要推送的文章进行征稿，也可以是为自己平台的出版物进行征稿活动。采用征稿大赛吸粉引流，可以借助设置一定的奖品来提高粉丝的参与度。

以微信公众平台"手机摄影构图大全"为例，该平台根据其自身的优势，在自己的平台上开展了一个"图书征图征稿"活动，如图2-16所示。

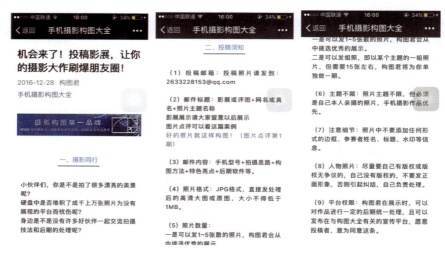

图2-16　公众平台开展征稿大赛活动的案例

运营者举行征稿活动大赛，如果活动过程中涉及网络投票，那么运营者在这个环节一定要注意刷屏情况的出现。在征稿大赛活动中，防止刷票是非常重要的。

在任何一场比赛中，主办方规避刷票情况的出现都是很有必要的，这样能够给每一位参赛者一个公平竞争的机会，确保选出的获胜者拥有真正的实力。

微信运营者预防刷票情况的出现，也能够有效防止运营者以及参赛者的账号被平台系统封号。

运营者在策划征稿活动大赛的时候，在投票环节还需要注意的一点是，要做好用户的投票体验。做好用户的投票体验指的是，用户在给参赛者投票的时候，投票的方式要尽可能的方便一些，不要太过于烦琐。

提升用户投票体验和效率，可以通过在投票平台上设置一些小功能实现。例如，运营者可以在投票页面设置一个搜索栏，这样用户进入投票页面后，就可以直接在搜索栏中搜索参赛者的名字或者参赛号码，然后给参赛者进行投票。

这种方法可以防止参赛者排名靠后，用户需要一页一页地浏览去寻找参赛者而带来的麻烦。只要将用户的投票体验提升了，用户的投票效率自然就会相应地提高。

2.2.5　通过策划活动吸粉引流

通过微信公众平台，企业可以多策划一些有趣的活动，从而拉近企业与用户的距离，并以此留住用户。

例如，通过问卷调查了解用户的内在需求、通过设置各类专栏与用户展开积极的互动等提升用户的参与度，从而让他们对企业微信公众平台有归属感和依赖感。

例如"永州联通沃们在一起"微信公众号开展的"10分满意，为您代言"服务意见征集活动，如图2-17所示。

图2-17　"10分满意，为您代言"的服务意见征集活动

无论是大品牌企业还是小品牌企业，为粉丝定期地策划一些有心意的活动，是一种很好的增强粉丝黏性的行为。而在有新意的活动策划中，最重要的一个环节就是对目标群体和活动目标进行分析，具体内容如下：

- 企业的目标人群是哪些？
- 他们最需要什么？

- 什么样的东西最吸引他们？
- 本次策划活动的最终目的是什么？是为了增加用户的黏性，还是为了增加销售额？

只有对自己的目标用户和营销目的有了专业、精准的定位分析，才能策划出吸引人的活动方案；而只有企业策划出了吸引人的活动方案，才能留住用户，提高粉丝的黏性。

相对于传统的营销活动，微信活动的策划并不拘泥于某种固定的形式，微信运营者可以采用某种单一的形式，也可以同时使用多种方式进行活动的策划。

微信策划活动如果做得好，还可以打通线上线下，这样不仅加大了宣传的力度，同时也获得了更多的用户关注，吸引更多用户的参与。

笔者接下来将为大家介绍线上和线下活动的策划。

1．线上活动策划

线上活动有很多种类，比如抽奖、转盘以及转发有礼等，企业和个人微信公众号运营者可以根据本身的需求选择合适的方式进行活动的策划和运营。

首先，作为活动策划的运营人员，需要了解自己的职责。

通常来说，微信运营者的主要职责如图2-18所示。

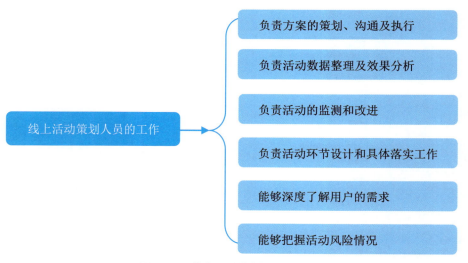

图2-18　线上活动策划人员的工作

微信运营者还要撰写相应的活动方案，通常来说，一个完整的活动方案包括如下内容：

- 活动主题。
- 活动对象。
- 活动时间。
- 活动规则。
- 活动礼品设置。
- 活动预计效果。
- 活动预算。

在活动结束后，微信运营者需要针对活动撰写一份活动报告总结，分析活动的总体效果，有哪些突出的亮点，还有哪些方面需要改进，等等。

2．线下活动策划

线下活动策划和执行时，运营人员的主要工作一般有以下几点，如图2-19所示。

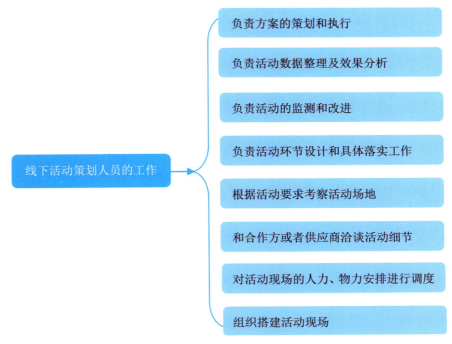

图2-19　线下活动策划人员的工作

线下活动相比线上活动来说，有时候更为复杂，从活动策划、场地安排、人员管理到活动预算、现场演讲安排和互动游戏等多方面都有涉及。线下活动也要准备活动方案和活动总结报告，方案包括如下内容：
- 活动主题。
- 活动时间。
- 活动报名。
- 活动演讲。
- 活动场地安排和布置。
- 活动预计效果。
- 活动预算。

上面笔者已经把活动策划和运营内容概念化地讲述了一遍，但是可能大部分运营者依然会存在一些疑问，例如：
- 如何进行具体策划？
- 策划流程怎么弄？
- 怎样做效果最好？
- 做了之后的效果如何衡量？
- 带来的粉丝有多少是确切性和真实性的？
- 投资进去的成本能否获得相应的回报？

所有的这些问题都需要企业进行专业的分析和考量。对于策划活动的形式，如果是品牌，可以由品牌代言人与用户进行互动聊天；如果是电商，可以做免费抽奖活动。当然，关注即送小礼品、转发有奖等活动也会很受用户的青睐。

例如，下面就是中国电信发布的"nova2 手机抽奖"活动，如图 2-20 所示。
关于微信公众号的互动活动类型，常见的主要有以下几类。

(1) 赠送免费的电子图书。对企业而言，假如在某一方面或领域有着非常丰富的实践经验，可以考虑把这些具有价值的干货内容制作成非常精美的电子图书（假如有相关出版物，效果会更好），通过粉丝留下的邮箱在 24 小时内送达给读者，以此吸引读者关注。

(2) 转发朋友圈有奖活动。相对于上面介绍的赠送免费电子图书的互动活动，转发朋友圈有奖活动在吸引粉丝方面的目的性更强，它是一种由一而二、由二而四……类似的裂变式传播形式，主要是在朋友、熟人圈子中转发，其在信任度和效率方面更加显著。

除了上述活动可以提升微信公众号的互动外，平台还可以通过其他方法来实现互动，主要包括 6 类，如图 2-21 所示。

图 2-20 "nova2 手机抽奖"活动

图 2-21 微信公众号的互动活动举例

2.2.6 借助爆款产品推广引流

随着现在微信公众平台的普及，人们越来越离不开微信了。不管消息传递还是分享心情，微信都极其便利，只要打开微信就都尽在眼里了。

随着微信公众平台越来越多，竞争也是越来越大，特别是在推广吸粉这一块，必须要用比较有新意的方式才能够引起用户对你的产品或者消息的关注。

所以，接下来笔者将为运营者介绍一下怎样借助爆款产品推广引流。

例如，由清洁设备展、厨房设备展与食品饮料展组成，在广州中国进出口商品交易会琶洲展馆举行的广州酒店用品展览会，成立于2003年，目的是帮助国内外优质酒店用品生产厂家招商以及帮助采购商选择好产品。广州酒店用品展览会经过十多年的发展，已成为酒店用品行业的年度盛会，吸引着行业内外人士的热烈关注。

在展览会上，东田厨具公司带来了5款智能产品：长龙洗碗机、触控揭盖式洗碗机、触控篮传洗碗机、数码电·蒸汽两用蒸饭柜和燃气蒸汽柜，让其在展览会上大放异彩。

借助此次展览会推出的爆款产品，就有微信公众号推送了东田厨具"蒸饭柜"的图文消息，以吸引读者眼球，达到引流的效果，如图2-22所示。

图2-22 利用爆款产品引流示例

2.2.7 运营者官方网站宣传推广

如果运营者是企业型的公众号，并且企业有官网，就可以通过自己的官网进行引流。通常，在官网中的宣传，大多是通过软文或者活动来吸引用户，然后将他们引导到自己的微信公众平台上。但是在宣传推广的过程中还是要注意以下几点内容，如图2-23所示。

图 2-23　通过官网宣传推广的注意事项

例如，蒙牛集团官网就放置了微信公众号信息，如图 2-24 所示。

图 2-24　在官网放置微信公众号引流

2.2.8　公众号文章转发到朋友圈引流

朋友圈的力量有多大，相信不用笔者说，大家都知道。微信运营者可以利用朋友圈的强大社交性，为自己的微信公众平台吸粉引流。朋友圈的强大主要表现在两个方面，如下所示。

- 运营者本身朋友圈的影响力。
- 朋友圈用户的分享和高效传播能力。

但值得注意的是，微信运营者在朋友圈引流时，一定要注意推送有价值的内容，只有能够给用户提供价值的内容才会引起用户的注意和关注，用户才会对内容进行转载和评论，并对其感兴趣的公众号进行关注，达到引流的目的。

在朋友圈转发一些有价值的公众号文章是很多人的习惯，例如，下面就是朋友圈所转发的公众号文章，如图 2-25 所示。

另外，求签与测试类的分享链接是一种很容易在朋友圈传播开来的引流方法，这种方法主要是利用朋友圈人际关系和人们的好奇心理来扩散传播的，如果内容十分吸引人，很容易达到病毒式传播的效果。

求签类的推广法和轻测试的推广法的要点是：用一些比较符合当下年轻人口味的字眼，就能够激发年轻人点击关注的愿望。

例如，下面就是一个发布在朋友圈的分享测试链接动态，如图 2-26 所示。

图 2-25 利用朋友圈转发引流（一）

图 2-26 利用朋友圈转发引流（二）

2.2.9 用漂流瓶进行引流

在前面我们讲过使用"漂流瓶"为个人微信号进行引流，其实这也同样适用于微信公众号的引流。

"漂流瓶"的最大优点是能够将信息传达到其他受众，虽然无法精准定位用户，但运营者可以注册多个微信号，然后在"漂流瓶"里写上运营者的微信公众号，利用"漂流瓶"将企业的微信公众号推广出去。

2.2.10 硬件设备推广吸粉

运营者在进行微信公众号引流的过程中，还可以通过微信广告机、WIFI 和二维码打发票这 3 种硬件设备来刷粉，提高引流的效果。

1．微信广告机

微信广告机是一款硬件产品，可以通过加好友、群发消息快速而精准地推广企业。现在很多企业都在用微信广告机做推广，如图 2-27 所示。

微信广告机的主要商业价值有以下几个方面。

(1) 多功能终端。粉丝在体验照片快捷打印的时候，广告机通过事先设置好的微信宣传方案，可以让粉丝关注商家的微信公众号，以此来提升商家公众号的关注数。

(2) 全方位宣传。广告机可以用它本身带有的视频、图片以及一些其他功能来进行宣传，不仅如此，正在不断更新的广告模式可以让广告机用网络远程来宣传商家广告，且能分频管理宣传，让每一个商家广告都能有效地宣传进群众中。

图 2-27　微信广告机

(3) 照片互动宣传。微信广告机通常具备照片打印功能，10 秒钟就可打印一张照片，可采取打印手机照片收费的方式来增加收益。照片下端还可印刷广告，给粉丝关注商家微信公众号时进行一个"长尾宣传"，让商家的广告信息和品牌价值传递给更多的人。

(4) 提升品牌形象。通过微信广告机，用户可以快速制作自己的 LOMO 卡，提升商品在用户心中的形象，让品牌传播从被动变为主动。这不仅巩固了现有的品牌消费者，更带动潜在消费者，实现品牌价值快速提升。

(5) 微信加粉利器。用照片的方式与客户进行互动，既方便快捷地让客户有了直观真实的感受，节省了商家广告的成本，又能让客户主动扫描二维码，达到了吸粉的效果，提高了商家的销售额和关注度。

2．WIFI 吸粉

现在有种吸粉神器，可通过关注微信公众号实现 WIFI 上网功能的路由器，特别适合线下的商家。再好的商家微信商城，都需要做 WIFI 入口导航，否则很难积累粉丝。用 WIFI 广告软件，可以将微信加粉做到极致。

例如，WE-WIFI 是国内独家基于微信公众号关注关系，实现"免费 WIFI ＋ 微信关注即登录"的 WIFI 上网与认证产品，用户无须重复认证上网操作，只要微信的关注一直保持，下次到店即可自动连上 WIFI 上网。

3. 二维码打发票

消费者在购物时，通常会向商家索要发票，有一些企业的发票上是携带着二维码的，这些发票就是使用二维码发票打印机进行打印的。

随着打印机技术的发展，发票二维码打印机也成了时尚的选择，这种带有二维码的发票更加具有正规性，在使用过程中受到了人们的喜爱。

2.2.11 个人名片引流法

名片是一种很传统也很有效的宣传方法。一般的名片上会有基本的个人信息和联系方式，微信营销者还可以将微信号的二维码印在名片中，这样在社交场合与他人交换名片时，就可以趁势将微信号推广出去。

名片的设计要个性化一些，特别是公众号二维码的大小、位置以及颜色，要么简洁，要么新颖，引人注意，如图 2-28 所示。

运营者在向他人传递自己的名片时，可以顺带介绍一下自己的微信公众平台，让大家扫描名片上的二维码关注微信公众号。

图 2-28 名片推广引流法

2.2.12 分享图片到图库平台吸粉

精美的图片具有很强的流传效果，因此公众号运营者还可以在图片上打上水印，借助图片的流传性来吸粉引流。

公众号运营者借助图片吸粉引流，主要做法是将标有联系方式、二维码或者运营者平台账号等信息的水印图片，上传到百度图库、360 图库等各大图库平台上。这样，只要他人在搜相关图片的时候，就可以直接看见这些图片中运营者留下的信息。如果对方有兴趣的话，就可以通过图片上的信息联系运营者，从而达到引流的目的。

例如，有公众号运营者在图片上加公众号水印，上传到图库平台，实现引流，如图2-29所示。

图2-29 图片加微信公众号水印

图片加水印引流法是有利于搜索引擎收录的，因而具有极大的优势。图片加水印引流法操作步骤如下。

第一步：精选图片。

第二步：添加微信公众号、二维码。

第三步：分享图片。

第四步：实现引流。

2.2.13 邮箱推广拉新引流

QQ群有一个群发邮件的功能，微信运营人员可以先建立一个群，然后通过群邮件的功能，将微信公众平台上一些精彩的内容推送给大家。如果群成员觉得推送的内容很有趣，就会主动关注微信公众号。

2.2.14 私人微信个性签名推广

私人微信号可以通过摇一摇、漂流瓶等方式为公众号进行推广，还可以利用个性签名来推荐微信公众号。

例如，下面就是设置私人微信的个性签名对微信公众号进行推广的示例，如图2-30所示。

图 2-30　在个性签名中推广公众号

2.3　借媒体矩阵——20家新媒体平台海量引流

微信公众平台运营者如果想要通过推广获得更多的粉丝，除了可以利用在微信公众平台发布文章及借助第三方微信服务营销系统开展活动等方法之外，还可以在一些主流的流量平台通过推送文章的方法来为微信公众号获得更多的粉丝。

现在网络上可以用来获得流量的平台有很多，各平台的受关注度也不一样，因此微信运营者选择最适合的平台也是很重要的。接下来，笔者将为大家介绍网络上的20大流量平台，让大家对这些平台能够有一个最基本的了解，后面会为大家详细讲解流量平台引流的实战技巧。

2.3.1　引流平台之今日头条

"你关心的，才是头条"是今日头条平台的广告语。今日头条平台是张一鸣先生于2012年推出的一款个性化推荐引擎软件，它能够让平台的用户体验最有价值的各种信息。

今日头条从创立日开始，其用户数量就不断地实现突破，截至2017年10月，今日头条的相关数据情况，如图2-31所示。

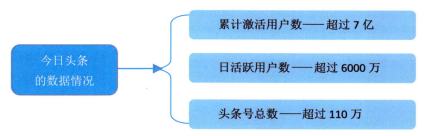

图 2-31　截至 2017 年 10 月今日头条的数据情况

今日头条是新媒体中发展最好且最有优势的一个平台。运营者千辛万苦地申请和注册微信公众号，目的就是吸引更多的人流，增长更多的粉丝，因此借用今日头条这个流量级平台的助力，对微信公众号涨粉很有帮助。

如图 2-32 所示，是今日头条官网对自己平台介绍的部分内容。

图 2-32　今日头条平台对自己平台介绍的部分内容

平台庞大的用户量，为微信公众平台运营者吸粉引流提供了强有力的支撑。今日头条平台，其本身具有以下 5 个方面的特点。

1．个性化推荐

今日头条最大的特点是能够通过基于数据分析的推荐引擎技术，将用户的兴趣、特点与位置等多维度数据挖掘出来，然后针对这些维度进行多元化的和个性化的内容推荐。推荐的内容多种多样，包括新闻、音乐和电影等。

举例来说，当用户通过微博或 QQ 等社交账号登录今日头条时，今日头条就会通过一定的算法，在短短的时间内解读出使用者的兴趣爱好、位置和特点等信息。用户每次在平台上进行操作，例如阅读与搜索等，今日头条都会定时更新用户相关信息和特点，从而实现精准的阅读内容推荐。

2．多种登录方式

用户登录今日头条的方式是多样的，除了手机号与邮箱等方式之外，它还支持其他方式，如图 2-33 所示。

图 2-33　用户登录今日头条的方式

3．内容涵盖面广

在今日头条平台上，其内容涵盖面非常之广，用户能够看见各种类型的内容，以及其他平台上推送的信息。

而且，今日头条平台上新闻内容更新的速度非常及时，用户几分钟就可以刷新一次页面，浏览新信息。

4．分享便捷、互动性强

在今日头条推送的大部分信息下，用户都可以对该信息进行评论，各用户之间也可以进行互动。

今日头条平台为用户提供了方便、快捷的信息分享功能，用户在看见自己感兴趣的信息之后，只要单击页面上的"转发"按钮，即可将该信息分享，将内容传播到其他平台上。

5．客户端信息资源共享

今日头条平台为了方便用户的使用，推出了 PC 客户端和手机客户端。用户只要登录自己的今日头条账户，那么在该平台上评论或者是收藏的信息就可以自动存储起来。只要用户自己不删除，不论是在手机端还是电脑端，登录平台账号之后用户就可以查看到这些信息，完全不用担心这些信息会丢失。

(1) PC 客户端。

今日头条的 PC 端首页页面非常简单，在首页页面左侧显示今日头条涵盖的新闻类型，在页面中间部分显示的则是新闻消息和一些广告，右侧也会有广告以及 24 小时热闻。

每过几分钟，在今日头条 PC 端的首页，就会提醒用户刷新观看新的新闻资讯，这样能够使用户及时浏览新消息，同样也可以增加今日头条平台上新闻创作者文章的阅读量。

(2) 手机客户端。

为了更方便地为用户推荐头条新闻，今日头条开发了专属的今日头条 APP。今日头条 APP 是一款用户量超过 9.8 亿的客户端平台。据统计，在今日头条移动端上，单用户每日使用时长超过 65 分钟，每天社交平台分享量达 550 万次。

在今日头条 APP 上，聚合了超过 5000 家站点内容，用户可以在该平台上阅读到权威且及时的新闻资讯，更有超过 7 万家头条号每日为用户创作新鲜精彩内容，平台每日聚集了 400 位工程师对算法进行优化，能够 5 秒钟就算出用户的兴趣话题和内容，然后推送为用户量身打造的专业资讯。

今日头条移动 APP，还具有社交分享功能。如果用户看到喜欢的内容，想要和朋友分享，就可以直接点击相应按钮。可以分享在微信朋友圈、QQ 空间里及微信好友和 QQ 好友，还可以分享在新浪微博、腾讯微博、支付宝好友以及支付宝生活圈中。

今日头条拥有广大的用户数，运营者要合理地利用它对微信公众号进行引流。例如，运营者在今日头条上撰写文章时，插入的图片就可以打上微信公众号的水印，让感兴趣的读者对运营者微信公众号进行添加，如图 2-34 所示。

图 2-34　在头条文章中嵌入微信公众号引流

在图片中打上公众号水印的方法同样适用于今日头条的"微头条"。微头条因其简单、便捷的方式被很多人喜爱，而头条文章就相对烦琐些。"微头条"的手机流量入口，如图2-35所示。

2.3.2 引流平台之一点资讯

北京网聚科技有限公司推出的一点资讯APP，拥有24个栏目以满足用户全方面的兴趣爱好，它同样是微信公众平台引流的重要平台。

一点资讯APP与其他新媒体APP相比，其独特的地方在于，它是一款智能程度很高的资讯APP，用户可以搜索任意感兴趣的内容并订阅，后台自动根据用户的点击和搜索分析其爱好所在，并为其推送相关内容的资讯，方便用户的阅读，同时也为一点资讯APP抓住客户的心。

图2-35 今日头条微头条流量入口

如图2-36所示，是一点资讯官网对自己平台的介绍。

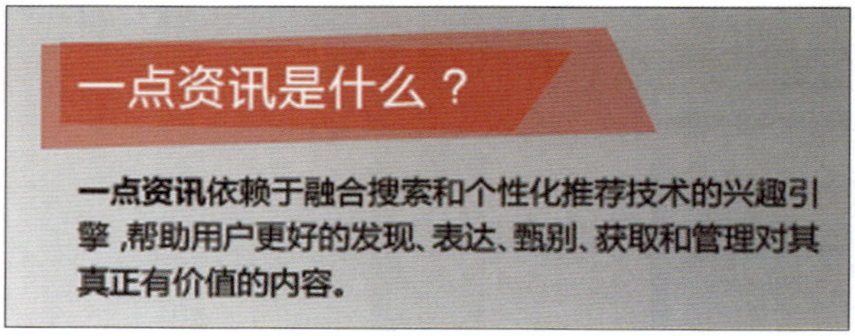

图2-36 一点资讯官网对自己平台的介绍

兴趣引擎是一点资讯的特有专利技术，其具体介绍如图2-37所示。

图2-37 兴趣引擎介绍

在清楚了一点资讯平台最基本的知识之后，接下来笔者将为大家从平台特色、平台价值、平台的技术力量和兴趣营销这4点，深入介绍一点资讯平台，以便运营者能更好地利用其对微信公众号进行引流。

1．有关特色

一点资讯平台凭借其特色的兴趣引擎技术为用户实现了个性化新闻订阅，基于用户的兴趣为其提供资讯内容。

一点资讯可以借助用户登录时选择的社交软件类型、选择的兴趣频道等操作收集相关信息，整理成数据资料，然后再根据这些资料推测出用户感兴趣的新闻领域。一点资讯的平台特色主要表现在两点，具体如下所示。

(1) 个性化订阅。用户可以通过订阅关键词，精确地找到自己需求的信息。

(2) 技术提升用户体验。平台依靠搜索、内容深度分析、个性化推荐、机器学习等技术为用户推荐所需资讯，从而提升用户体验。

2．有关价值

一点资讯平台的价值主要可以从两个方向出发去理解，一个是在行业领域的价值，一个是对用户的价值。

(1) 从行业领域方向出发。

一点资讯平台凭借收集整理各种资讯信息，然后通过兴趣频道分发信息内容的方式，能够帮助各种类型的新闻媒体者快速定位出最适合他们的用户，同时还能够帮助整个资讯领域搭建更好的行业生态系统，加速行业内的资讯流通，提高行业的商业价值，实现媒体、广告主、渠道等主体的多赢局面。

(2) 从用户方向出发。

主动为用户提供感兴趣的、独特的优质资讯内容，大大减少了用户寻找喜欢的信息所花费的时间，从而使得用户的阅读效率有了大幅度的提高。

3．有关技术

兴趣引擎技术是一点资讯平台最核心的技术力量，它是结合了搜索引擎和个性化推荐引擎的特点而形成的一种新的信息搜索引擎。

兴趣引擎是依靠平台系统对用户订阅的信息、搜索的关键词等操作行为，挖掘出更多用户感兴趣的资讯，然后非常精准地抓住平台用户阅读的兴趣需求，将他们最需要的新闻资讯在最短的时间内传递给用户。

4．有关营销

基于兴趣引擎，一点资讯平台可以实现基于用户兴趣为用户提供定制化内容的兴趣营销。一点资讯平台的兴趣营销指的是，平台借助其核心的兴趣引擎技术来进行平台上的广告商业业务。

了解了一点资讯平台的信息之后，微信公众号运营者可以注册一点号，以发布动态的方式来对微信公众号进行引流。

例如，下面这个一点号运营者就以在发布的视频中插入字幕的方式来对微信公众号进行引流，如图 2-38 所示。

图 2-38　在视频中植入微信公众号引流示例

在一点号中进行发布动态对微信公众号引流，除了在视频的字幕中插入微信公众号之外，还可以通过发布软文的方式，在软文的结尾处植入自己的微信公众号，引导读者对其进行添加，如图 2-39 所示。

其实这种操作方式同样适用于其他平台。像上面讲过的今日头条平台，也可以用同样的方式在文章或视频中植入微信公众号，利用优质和读者感兴趣的内容达到引流的效果。

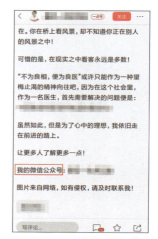

图 2-39　在文章最后植入微信公众号引流示例

2.3.3　引流平台之搜狐号

搜狐号平台，是搜狐门户下一个融合搜狐网、手机搜狐网、搜狐新闻客户端三大资源于一体的一个平台，是微信公众平台引流矩阵中的重要平台之一。

如图 2-40 所示，是搜狐号平台的官方介绍。

图 2-40　搜狐公众平台对自己的介绍

搜狐号平台的资源力量是比较充足的，下面是搜狐公众平台官网列举出的自己平台具有的 4 个特点，如图 2-41 所示。

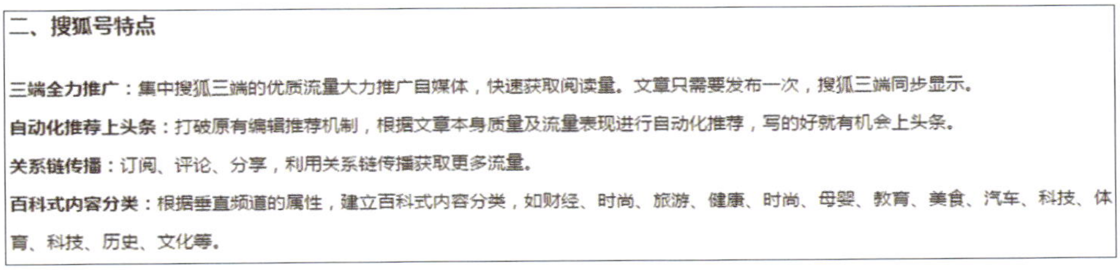

图 2-41　搜狐号平台列举出的自己平台的特点

搜狐号平台凭借搜狐旗下一系列的资源，拥有自身独特的平台优势。它的优势主要体现在以下 3 个方面。

(1) 流量优势。

搜狐号平台可以拥有搜狐网、手机搜狐网和搜狐新闻 APP 三方的流量资源。

(2) 双重推荐优势。

搜狐号采用编辑和机器双重推荐的方式，在保证及时推荐的同时又满足了用户个性需求。

(3) 公信力优势。

搜狐在媒体行业中积累下的口碑使得搜狐号平台会更容易得到用户的信任。

正如搜狐号平台登录页面的广告语"亿级用户流量再小个体也能打造自己的媒体影响力"所言，结合平台的自身优势，此平台确实是微信公众平台运营者用来为公众平台引流的好渠道。

例如，某微信运营者就在搜狐号上发布软文对公众号进行引流，他嵌入微信公众号的方式是在文章的最前面，如图 2-42 所示。

图 2-42　利用搜狐号平台对微信公众号引流示例

2.3.4　引流平台之大鱼号

大鱼号以前的名字叫 UC 云观·媒体服务平台，是一家实时公开展示舆情的资讯平台。在该平台上的媒体服务有两部分，分别是订阅号与机构媒体。

大鱼号平台本身具有 4 大优势，这些优势具体介绍如图 2-43 所示。

图 2-43　大鱼号平台优势

大鱼号是基于 UC 浏览器的新媒体平台，目前拥有约 6 亿用户，以及每个月大约 4 亿活跃用户，为微信运营者提供了绝佳推文导粉条件。据有关报道显示，微信运营者在大鱼号上进行推广有影响力的文章，单篇阅读量可以轻松上 10 万，好一些的文章单篇阅读甚至可以上百万。

大鱼号主要由两个部分组成,它们分别是:大鱼数据中心,订阅号、机构媒体。

1. 大鱼数据中心——"全网舆情为基础,动态可视化为形式"的公开性展示平台

大鱼数据中心是大鱼号平台对外展示的部分。它是中国所有的资讯平台当中,第一次以全网舆情作为基础,以动态可视化作为形式的一个公开性展示平台。大鱼数据中心不仅能够帮助新闻创作者从更多方向和层次挖掘出更多新闻热点,同时它还能给用户提供一站式、多层次的信息,丰富用户的阅读世界。

用户只要选择页面中的中国省份,在该页面的右侧就会出现该省份最热的新闻资讯。因此用户只要在这个页面上就可以了解到全国各地发生的重大新闻事项以及全国各地人们最关心的新闻,如图2-44所示。

图2-44 大鱼号地区热点搜索示例

大鱼号平台的大鱼数据中心,主要包括4个部分内容,具体如下所示。

(1) 热词排行榜。

关注热点是很多网民都在做的事。了解国际形势,关注社会动态,谈谈明星八卦等,这些都是网民们的日常行为。而热点关键词搜索就是网络搜索的主要方法之一,因此,运营者可以根据大鱼数据中心的热词排行榜,找到适合自己的热点关键词,让文章的曝光率更高,引流的效果更好。

下面是大鱼数据中心的"热词排行榜"界面,如图2-45所示。

(2) 热点排行榜。

在大鱼数据中心的热点排行榜中,主要包括热点榜单、分类内容榜单和人群风向标3部分的内容,每个部分的内容所包含的新闻是全网的,不仅仅局限于大鱼号这一个平台的新闻。

例如,用户进入热点榜单,就可以看见全网上最热的新闻资讯排行,如图2-46所示。

图 2-45　大鱼号热词排行榜界面

图 2-46　大鱼号热点排行榜展示

(3) 大鱼榜单。

在大鱼号平台的大鱼数据中心的大鱼榜单中，包括了机构媒体、自媒体榜单和人群风向标 3 个部分的内容。用户进入这 3 个部分中的任何一个，都可以看见与此相关的最热排行。

(4) 数读图悉。

大鱼号平台大鱼数据中心的数读图悉这一部分，主要是大鱼号平台联合其他的第三方或者独自针对一些舆情事件，分析出的大数据报告。

用户进入该页面，就可以看见一些 UC 给出的大数据报告，例如"UC 行业指数电影大数据"，用户只要点击就可以看见 UC 联合第三方给出的电影相关的大数据分析。

2．订阅号、机构媒体

大鱼号平台的订阅号具有强大推送能力以及商业变现能力和用户黏性高的特

点，同时该订阅号主要有 4 个核心功能，这 4 个功能具体如下。

- 创作。
- 运营体系。
- 赋能体系。
- 社区。

大鱼号平台为机构媒体提供特供定制数据的服务型产品。如果想要入驻大鱼号平台的机构媒体，需要拥有邀请码才行。如图 2-47 所示，是对机构媒体的相关介绍。

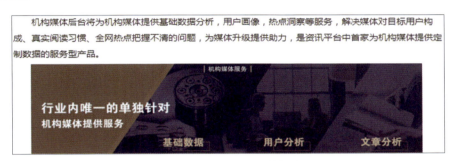

图 2-47 大鱼号机构媒体的相关介绍

2.3.5 引流平台之企鹅媒体

企鹅媒体平台是由腾讯推出的一个媒体平台，原名是腾讯开放媒体平台，经由“芒种大会”之后改名为现在这个名字的。企鹅媒体平台虽然也是由腾讯公司推出的产品，但它和 QQ 公众平台并不是同一个产品。如图 2-48 所示，是企鹅媒体平台官网对自己平台的介绍。

什么是企鹅号？

企鹅号是腾讯旗下的一站式内容创作运营平台，致力于帮助媒体、自媒体、企业、机构获得更多曝光与关注，持续扩大品牌影响力和商业变现能力，扶植优质内容生产者做大做强，建立合理、健康、安全的内容生态体系。

图 2-48 企鹅媒体平台官网对自己平台的介绍

据悉，企鹅媒体平台正在迅猛发展，目前为止约有 8 万个企鹅号入驻平台，并在持续增长中。因此这对微信公众平台运营者来说，是个很有前景的推文导粉平台。

企鹅媒体平台主要拥有以下 4 个开放特点。

- 庞大的流量优势。
- 内容生产强大。
- 盈利渠道支持。
- 资源分配和用户管理优势。

1. 庞大的流量优势

企鹅媒体平台借由腾讯庞大的用户群体，以及包括天天快报、腾讯视频、微信、QQ、QQ 浏览器、腾讯新闻和 QQ 空间等在内的十大平台支撑，在流量数据方面拥有得天独厚的优势，如图 2-49 所示。

图 2-49　企鹅媒体平台庞大的流量优势

2. 内容生产强大

企鹅媒体平台为平台上的内容生产者提供了强大、实用的内容生产工具，且为创作者提供了图文编排、数据分析、文章统计等功能，让平台内容创作者可以简单、便捷地进行内容生产，如图 2-50 所示。

图 2-50　企鹅媒体平台强大的平台功能

3. 盈利渠道支持

腾讯给予了企鹅媒体平台上优质原创型自媒体、媒体全年共计 2 亿的补贴，以及创作者在此平台上所有的广告收入全部归作者本人的鼓励政策，为平台上的自媒体、媒体提供了盈利渠道。

4．资源分配和用户管理优势

企鹅媒体平台为平台上的自媒体、媒体创作的内容提供了更多的曝光机会，让他们的文章能够出现在天天快报等腾讯旗下产品上，而且还能够更加方便地与平台的用户、粉丝进行互动，参与社群管理等。

2.3.6 引流平台之 QQ 公众

QQ 公众平台是腾讯继微信公众号之后推出的产品。QQ 公众号与微信公众号相比较，其形式也分为 2 种，分别是订阅号与服务号。

QQ 公众平台的订阅号和服务号也可以进行认证，认证之后的订阅号和服务号，其功能权限会有所区别，如图 2-51 所示。

权限	订阅号	认证订阅号	服务号	认证服务号
群发消息	1条/天	1条/天	配额系统调控	配额系统调控
消息显示位置	订阅号列表	订阅号列表	会话列表	会话列表
基本的消息接收/回复	✓	✓	✓	✓
自动回复消息	✓	✓	✓	✓
粉丝消息管理	✓	✓	✓	✓
自定义菜单	✓	✓	✓	✓
场景消息	-	-	✓	✓
高级接口能力	-	-	-	✓
支付能力				可申请

图 2-51 订阅号和服务号存在的区别

QQ 公众号与微信公众号相比较，其注册过程要简单得多。用户可以直接使用自己的 QQ 账号注册 QQ 公众号，一个 QQ 号只能注册一个公众号；用户也可直接使用 QQ 号登录，登录后 QQ 号将绑定公众号。

QQ 公众平台凭借着 QQ 积累下的巨大用户数量以及平台自身的技术优势、大量的数据等资源，是微信公众号运营者用来进行引流吸粉的一个很好的平台。

基于近 10 亿腾讯用户规模的 QQ 公众平台，用户的来源几乎是不用愁的。据悉，在 QQ 公众平台公测期间，3000 个公测资格在 1 秒内就被抢完；同时有人统计，在公测期间，参与注册申请的人就有 11 万，而平台的页面访问量也达到了 300 万次。未来，注册用户和平台页面访问量数据将持续增长。

因此，这对于选择借助 QQ 公众平台的微信公众平台运营者来说，在推文过程中可以收获的粉丝量将不容小觑。

2.3.7 引流平台之百度百家

百度百家平台是百度旗下的一个自媒体平台，于 2013 年 12 月份正式推出。运营者入驻百度百家平台后，可以在该平台上发布文章，然后平台会根据文章阅读量的多少给予运营者收入。与此同时，百度百家平台还以百度新闻的流量资源作为支撑，能够帮助运营者进行文章推广、扩大流量。

百度百家平台上涵盖的新闻有五大版块，具体包括科技版块、影视娱乐版块、财经版块、体育版块和文化版块。

如图 2-52 所示，是百度百家平台官网首页。

图 2-52　百度百家平台官网首页

百度百家平台排版十分清晰明了，用户浏览新闻非常方便。如在新闻模块的左边是该模块的最新新闻，右边是该模块新闻的相关作家和文章排行。

百度对外公布了百家号最新数据情况，仅自 2016 年 9 月 28 日开放注册以来截至 10 月 12 号，其平台就拥有 105083 个注册用户，其中通过的用户为 21708 个，并创下了平台上单篇文章最高收入 6013 元的成绩。

由此可见其受欢迎程度以及收益的可观性，这对微信公众平台运营者来说是一个毋庸置疑的好消息。

如图 2-53 所示，为某个微信公众号运营者发布在百家号上的文章，文章开头和文章摘要部分都植入了公众号信息，引导读者对公众号进行添加。

图 2-53 利用百家号引流示例

2.3.8 引流平台之知乎平台

知乎平台是一个社会化问答社区类型的平台，目前月访问量上亿。知乎平台的口号是："与世界分享你的知识、经验和见解。"知乎拥有PC、手机两种客户端。

用户要注册并登录之后才能够进入平台首页，下面就是知乎电脑端的首页，如图 2-54 所示。

图 2-54 知乎平台首页

在知乎平台上对微信公众号进行引流，其方法跟以上平台方法大同小异，除了在回答问题时嵌入自己微信公众号的信息外，也可以使用小技巧，使自己的公众号被更多的人注意到。

例如，一位运营者就在编辑知乎账号基本信息的时候，把公众号信息写在了里面，如图2-55所示。

图 2-55　在编辑知乎账号资料时嵌入公众号信息

下面简单讲述如何设置知乎账号基本信息对微信公众号进行引流。

以手机端为例，进入个人主页，点击"编辑个人资料"按钮；进入"编辑个人资料"界面，在"一句话描述"和"个人介绍"处编辑文字，植入公众号信息；点击右上角的 ✓ 图标，完成设置；页面自动跳转回个人主页界面，可以看到刚才编辑的效果展示，如图2-56所示。

图 2-56　在资料中嵌入微信公众号信息操作步骤

2.3.9 引流平台之网易媒体

网易媒体开放平台是网易旗下的一个新媒体平台。在网易媒体开放平台，运营者可以利用多种形式进行软文广告吸粉引流。

网易媒体开放平台为入驻用户提供了 5 种类型的账号，它们分别是订阅号、本地号、政务号、直播号以及企业号，每种账号其功能也会有所不同。关于这 5 种类型账号的相关信息，具体如图 2-57 所示。

图 2-57　网易媒体开放平台提供的 5 种账号

网易媒体开放平台拥有 4 大平台特色，具体如下所示。

(1) 亿万用户资源共享。

用户入驻网易媒体开放平台后，其编写的文章就有机会被人工推送到网易新闻客户端，自然就能共享网易积累的亿万用户资源。

(2) 网易跟帖引爆话题。

用户在平台上编写的文章被其他读者订阅后，读者就能够在文章下跟帖。只要文章质量高、有价值就可能成为火爆话题，引发众多网易网友跟帖。

(3) 优质媒体品牌推广。

用户在网易媒体开放平台上，大部分种类的账号都有一个星级等级，只要达到一定的星级等级，就可以享受平台上的直播功能，推广账号品牌。

(4) 商业合作共享未来。

对于平台上的优质本地号用户，择优可能成为网易媒体的合伙人，实现商业合作，共享未来。

运营者要入驻网易媒体开放平台对微信公众号进行引流，就需要有网易邮箱或者网易通行证。

如图 2-58 所示，是网易媒体开放平台的用户登录页面。

图 2-58　网易媒体开放平台的用户登录页面

2.3.10　引流平台之爱微帮

爱微帮是一个为新媒体行业服务的平台，其核心是一个多平台管理工具，目的是帮助自媒体人更快地创作出优质内容，从而实现提高自媒体人的影响力和价值。

在爱微帮平台上，用户可以同时管理多个平台上的多个账号。在这一方面，爱微帮平台能够给新媒体运营者节省一大笔时间，大大提高了新媒体运营者的工作效率，是新媒体运营人员不可多得的好帮手。

如图 2-59 所示，是爱微帮广告平台页面。

图 2-59　爱微帮广告平台页面

爱微帮平台拥有以下几个特点。

1．最强大——图文编辑功能

爱微帮平台为新媒体运营者提供了强大、实用的图文编辑功能，运营者只要下载爱微帮媒体版，就可以直接在媒体版上编辑图文消息。

该编辑器上拥有丰富的图文样式可供选择，图文素材也可以自由组合和推送，能够给运营者带来不少的方便。

2．定时性——给工作带来便利

爱微帮还支持定时发送图文消息到微信公众号。这样一来，运营者可以在自己空闲的时候将图文消息编辑好，然后定好发送时间将图文消息发送到微信公众平台上，能给运营者的日常工作带来更多便利。

3．实时性——统计推荐数据

爱微帮平台，还为运营者提供了实时的账号推荐功能，它能够实时地统计出账号的推荐数据。

4．广告主——盈利模式

在爱微帮平台的广告平台上，运营者可以寻找广告主，为他们做广告盈利，也能够自己成为广告主，寻找媒体人给自己做广告。

2.3.11　引流平台之简书

简书平台是一款结合了写作与阅读于一体的社交型互联网产品，同时它也是一个基于内容分享的社区。

简书同样拥有 PC 端和手机端两种客户端。如图 2-60 所示是简书 PC 端首页。

图 2-60　简书平台 PC 端首页

简书平台拥有以下 4 项功能，这些功能能够满足简书用户大部分需求，同时也能够为用户提供更好的使用体验。

1．阅读功能

用户可以随时阅读简书上的各种类型文章。

2．写作功能

用户可以在平台上写下自己的文章，并将其发表在平台上。

3．交流功能

用户可以在平台的文章下通过评论的方式跟作者进行交流与沟通。

4．分享功能

用户可以将平台上自己喜欢的内容分享到其他平台上。

在简书平台的个人介绍版块，同样可以植入微信公众号信息，如图 2-61 所示。

图 2-61　利用简书对微信公众号进行引流

2.3.12　引流平台之思达派

思达派网成立于 2015 年初，是一个为用户提供创业服务的新媒体平台，定位于"创业干货分享"。有关思达派平台的介绍，如图 2-62 所示。

思达派网（Startup-Partner.com）是以创业企业公关推广服务为切入的创业服务机构思达派旗下，提供"创业干货分享"的新媒体产品，其致力于一站集成创业经验、教训等绝对干货，帮助创业者少走弯路。

图 2-62　思达派平台的介绍

思达派网目前主要有 7 大栏目，分别是"推荐""新闻""经验""看法""故事""动态"和"攻略"，下面是思达派网"推荐"栏目页面，如图 2-63 所示。

不同的栏目提供的功能不一样，"推荐"栏目主要是为用户推荐创业投资的热门文章，"新闻"栏目主要是为用户提供与创业相关的政策类的报道和要闻，"经验"栏目主要为用户提供一些创业、投资类的经验教训和总结，"看法"栏目主要是一些观点的集合，"故事"和"动态"栏目主要是为用户提供故事、动态类的消息。

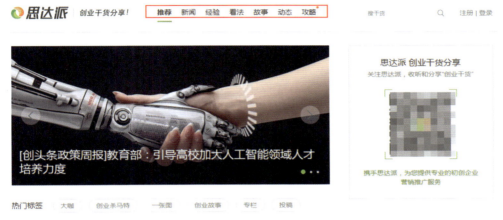

图 2-63 思达派网“推荐”栏目页面

除了在内容上吸引用户和创业者之外，思达派还在今日头条、百度百家、一点资讯等媒体渠道上为用户提供创业服务，并以其鲜明的定位和独到的服务风格，获得了一系列的关注度和好评度。

2.3.13 引流平台之卢松松博客

卢松松博客是国内访问量最大的独立博客之一，有关卢松松博客的简介如图 2-64 所示。

博客简介（发展历程）：

卢松松博客被多家机构评为中国"百强自媒体"和"IT博客50强"，腾讯2014全球合作伙伴大会唯一被邀请的草根站长，搜狗联盟唯一个站合作伙伴，全国最大的创业者(站长)大会唯一个站媒体，百度站长平台合作伙伴。目前中国访问量最大的独立博客之一。网络营销风云人物，多篇文章被杂志、报纸转载发表。

图 2-64 卢松松博客的简介

到 2016 年 12 月 30 日，卢松松博客网站就已收录了 8000 多篇文章，文章评论总数超过了 50 多万，网站的浏览总数超过 6600 万。

卢松松博客主要模块包括主博客、站长新闻、博客大全、松松软件站等，关于这些模块的介绍，如图 2-65 所示。

博客主要模块说明

1：主博客，也是大家主要访问地区，本博内容是我尽心编写的关于网站、工作、生活等方面内容。

2：站长新闻，主要记录一些简单心情感悟和互联网文章，内容并没有经过详细思考，只是一时感悟。

3：博客大全，收录以博客的导航站，主要收录独立博客、BSP博客和微博，为博友之间互访交流提供方便。

4：松松软件站，为博友提供我认为比较好的软件，软件不是很多，但都是我亲自用过、测过的。

5：站长段子：主要是我个人使用，收集记录一些我认为的经典语句。

6：好文分享：这里是2011年8月底新开的栏目，主要转载一些自己喜欢的文章，同时也分享给大家。

7、站长工具：主要收集了草根站长常用的工具。

8，站长购：一个电商网站，希望为站长买到高性价比的产品。

9，松松论坛：自媒体交流社区

10，微易管家：微信第三方服务商

图 2-65　卢松松博客的主要模块

2.3.14　引流平台之虎嗅网

虎嗅网创办于 2012 年 5 月，是一个为用户提供商业资讯的新媒体平台。虎嗅的相关简介如图 2-66 所示。

北京虎嗅信息科技股份有限公司是一个用户可参与的商业资讯与观点交流平台。这个资讯及观点平台的核心，是关注互联网与移动互联网一系列明星公司（包括公众公司与创业型企业）的起落轨迹、产业潮汐的动力与趋势，以及互联网与移动互联网如何改造传统产业。

我们致力于为用户创造获取与交流商业资讯的更"有效率"的体验。

图 2-66　虎嗅的相关简介

虎嗅网对自己的用户数情况有过统计，在行业中也是个十分有影响力的流量平台，如图 2-67 所示。

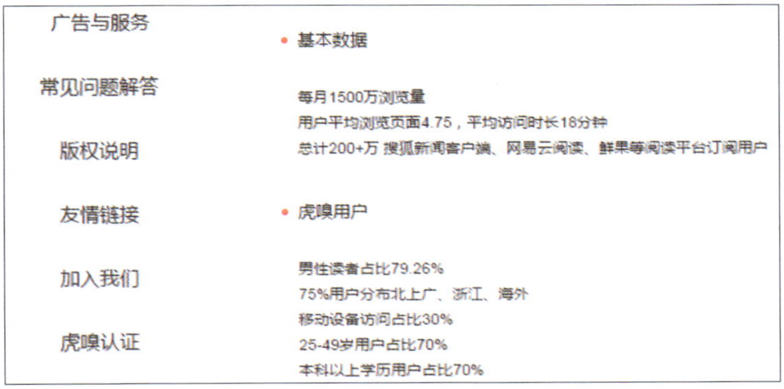

图 2-67　虎嗅的相关简介

同样，在虎嗅网平台上，既可以在发布的信息中植入微信公众号信息，也可以在资料中写上微信公众号，以达到引流的目的，如图 2-68 所示。

图 2-68　在虎嗅网植入微信公众号引流

2.3.15　引流平台之砍柴网

砍柴网创立于 2013 年，是一家前沿科技媒体。自创立以来，砍柴网就致力于"探寻科技与商业的逻辑"，有关砍柴网的相关简介如图 2-69 所示。

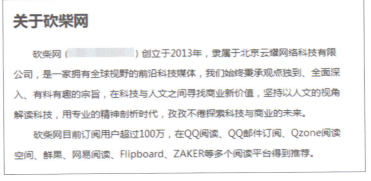

图 2-69　砍柴网的相关简介

砍柴网自正式上线以来，就凭借优质的内容、个性化的观点和富有远见的商业洞察力等特点，备受业界人士的关注，同时还吸引了诸多专栏作家及撰稿人的入驻。

砍柴网的订阅用户目前已经超过 100 万，这个庞大的流量能够为微信公众平台的引流带来极大的便利。

2.3.16　引流平台之速途网

速途网是速途传媒旗下的中国互联网行业社交媒体和在线服务平台，有关速途网的相关简介如图 2-70 所示。

图 2-70　速途网的相关简介

速途网包括六大版块，分别是电商中心、创投中心、IT 中心、游戏中心、评论中心以及速途研究院。

目前，速途网站的注册作者已经达到了 3 万人，活跃的专栏作家超过 500 人。除此之外，速途网站的一些原创栏目也十分受用户的好评，这些栏目是：

- 速途网探营。
- 小西访谈室。
- 速途论道。
- 速途体验室。
- 速途微言录。
- 速途在线沙龙等。

除此之外，速途网还有如图 2-71 所示的几大优势。

速途网和中国互联网协会联合主办的蓝海沙龙活动,已经举办超过110场,先后有近万人参与;

速途网每年主办的中国互联网风云榜评选和速途产业年会已经历经三届,成为中国互联网发展的风向标;

速途研究院每天出品的关于互联网热点趋势的研究报告被主流媒体广为转载和引用,成为企业决策和分析市场的重要数据来源之一。

图 2-71　速途网的几大优势

2.3.17　引流平台之猎云网

猎云网创办于 2013 年 2 月,是国内知名互联网创业服务平台,关于猎云网的简介如图 2-72 所示。

这是一家全新的科技创业服务平台,坚守用心服务创业者的理念,专注创业创新、产业趋势报道,关注新产品、新公司、新模式,以原创独家报道、分析,以及美国硅谷的一手报道闻名业界。

猎云总部设在北京,倡导创新的同时坚持"接地气"的运营理念,把服务向外延伸,目前已陆续上海、杭州、成都、深圳、西安、厦门、武汉、广州等地设立了分站,迄今已成业界同行效仿的标杆。

除了媒体服务之外,猎云网还成立了投融资对接服务平台、创业公开课等,为创业者提供全方位的服务。截止目前,报道、服务过上万家初创公司,其中有近千家公司获得融资,被业内人士公认为初创公司寻求报道首选平台。

图 2-72　猎云网的相关简介

猎云网是提倡以长远的眼光去看待创业公司的科技媒体,为创业者提供优质的服务。目前,猎云网已经覆盖了 PC 端、Wap 端、APP 端与微信端等多种产品形态,在今日头条和腾讯新闻客户端等主流平台也有拓展,着重为用户提供优质的创业服务。

猎云网丰富的线下品牌活动能够为微信公众号运营者提供更多的产品曝光的机会,这些线下活动包括如图 2-73 所示的内容。

- 《创业公开课》:会定期邀请明星创业公司,为创业者、业内人士分享创业干货,一般两周一期,除了北京外,已走进了杭州、成都、上海、深圳、厦门等。
- 《垂直沙龙》:会定期根据行业热点,邀请知名公司代表、创业公司、行业专家就产业政策、行业趋势、产品策略、市场推广等展开深入探讨。
- 《创业路演》:精选行业优质创业项目,最为顶尖投资机构,对接双方需求,真正让伯乐找到好马。
- 《投资人说》:定期邀请行业知名投资人,来分享产业趋势、投资理念、融资技巧等创业者关心的热点话题,从中拉近创业者与投资机构关联。
- 《NEXT产品家》会定期邀请知名产品的操刀手,围绕互联网产品,向同行以及有志于从事产品经理这一职业的新人提供宝贵经验。

图 2-73　猎云网丰富的线下活动

2.3.18　引流平台之锌媒体

锌媒体是一个关注前沿科技资讯、发现商业创新价值的泛科技自媒体平台。在锌媒体平台上，用户可以看到有价值的干货和有商业价值的资讯，在新媒体时代挖掘出新的商业价值。

互联网时代下的今天，随着年轻受众的接受方式的改变，传统媒体渐渐被新媒体取代，新媒体的影响力越来越大，正改变着整个媒体生态链的布局。

在锌媒体平台上，最主要的栏目是锌观点、互联网、金融界、电商头条、智能硬件与创业窗等，因此对于创业类和 IT 类的微信公众号运营者来说，锌媒体平台是一个非常不错的引流平台。

如图 2-74 所示为锌媒体网站的首页。

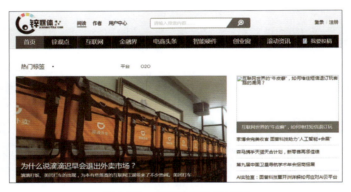

图 2-74　锌媒体网站的首页

2.3.19　引流平台之品途商业评论

品途商业评论原名叫品途网，是一家 O2O 专业研究与服务机构，成立于 2012 年，其介绍如图 2-75 所示。

关于品途集团

创办于2012年，品途目前是国内领先的专注于推动产业互联网科技创新的商业媒体集团。旗下拥有"品途传媒"，"品途智库"、"品途资本"三大业务生态，致力于打造以产业互联网媒体为先导的产业创新加速器生态服务平台。品途旨在通过内容的价值传播、数据的信息链接、资源的能力整合，构建产业创新加速器生态平台，提升传统企业从业者的认知水平，加速企业互联网和科技化创新进程，带动产业转型升级，从而真正做到"产创融合"，用创新创业促进产业发展，用产业发展反哺创新创业。

图 2-75　品途商业评论相关简介

品途商业评论上线后，便凭借其丰富的案例信息资料吸引了一大批 O2O 创业者、投资人。品途商业评论上的 O2O 信息资料共涉及 16 个领域、千余家企业，包括餐饮、医疗、出行、房产、社区、零售等。以下是品途商业评论平台前两年发生的一些大事件，如图 2-76 所示。

```
2016 品途网更名为"品途商业评论"
• 关注产业、科技的商业创新，品途商业评论逐步打造互联网时代的"新商业媒体"，并在北京、上海、广州分别展开了系列沙龙及大会活动
• 推出线上社群，举办53场线上活动
• 推出视频栏目与直播栏目
• 采访了500+企业，形成深度行业专访超过100篇，推出10份重磅行业报告
2017 获得亿元战略投资，品途正式集团化，形成品途传媒、品途智库、品途资本三大战略。
```

图 2-76　品途商业评论前两年的大事件

品途商业评论平台因其平台的性质和优质的服务，还是很受用户青睐的，所以也不失为微信公众号引流的较好的矩阵平台。如图 2-77 所示是品途商业评论平台首页。

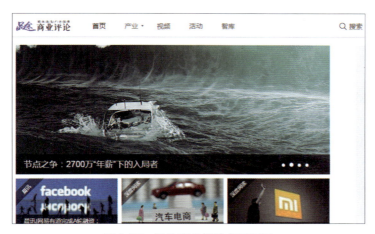

图 2-77　品途商业评论首页展示

2.3.20　引流平台之派代网

派代网定位为电商入口，目前是中国非常活跃且极具影响力的电子商务行业交流平台。有关派代网的相关介绍如图 2-78 所示。

```
派代网（www.▇▇▇.com）创立于2007年2月8日，公司成立于2009年8月份。派代网定位为中国
电子商务交流分享平台，提供给用户更有价值的内容，派代至今一直不断在"干货"、谈论氛围上下工夫。
如今"做电商，上派代"已成为业内人士的共识。
　　派代网目前是中国最具影响力、交流最活跃的电子商务行业深度交流平台，用户数已经超过50万。派代
网聚集了大量中国电子商务领军企业的创始人、资深行业专家、淘宝大卖家等，如刘强东、李阳、李树斌等。
　　公司宗旨：
　　派代网发扬"干货、靠谱、正道"的精神，所谓"吐干货，才靠谱；人靠谱，是正道；守正道，谋大局"！
```

图 2-78　派代网的相关介绍

派代网自成立之日起，就吸引了广大电商用户、资深行业专家和电商卖家的目光。平台一直坚持正确的价值观，不断学习创新，努力迎合消费升级的大趋势，是电商微信公众号运营者不能错过的引流入口。

其实很多运营者在注册以上的多个平台时，可以尽量使用一样的名称，这样做的第一个好处是将用户从一个平台引流到另一个平台之后，用户对新的平台仍然有一种熟悉的感觉，更容易对运营者产生信任，因为在潜意识中会认定运营者的主体是同一个。

第二个好处是，读者在很多平台看到同样的名字，会加深他们对运营者的印象，同时也会给人更权威的感觉。

下面就有一位运营者通过在派代网发布干货文章的方式，引得很多网友的关注，并在个人资料中引入了微信、QQ 和微信公众号的方式，如图 2-79 所示。

图 2-79　利用派代网对微信公众号进行引流示例

2.4　小程序线上引流——多管齐下让引流效果倍增

流量的多少可以说是直接关系到一个微信小程序运营者的成败，而要让微信小程序获得充足的流量，运营者就必须学会抢占流量入口。

那么，小程序运营者可以在哪里推广微信小程序，如何引流呢？本节笔者将通过线上的联动，帮助大家打造超高人气的微信小程序。

2.4.1　微信：小程序引流的主阵地

微信引流即运营者利用微信 APP 提供的相关功能和平台，对微信小程序平台进行推广引流。

微信是腾讯公司推出的社交软件，为用户提供免费的文字、图片和语音等信息传播平台，目前微信已经覆盖了中国 90% 以上的智能手机，庞大的用户群使它在互联网企业看来就是一座富矿。

在微信大火的当下,微信营销成了网络营销中热点,它突破传统营销的渠道限制,很多传统企业通过它成功转型,也有很多互联网企业借助它取得巨大成功。其实,微信营销对小程序推广引流同样适用。

微信平台可以说是微信小程序电商运营者必争的流量入口之一,这不仅是因为微信拥有众多用户,更是因为微信中提供了多种小程序推广渠道,如果运营者营销得当,便可轻松地获得一定的流量。

借助微信平台的力量,微信小程序运营者可以通过扫码推广、分享推广和公众号推广等方式获取流量。如图 2-80 所示为"微信公开课"公众号中关于"新华社微悦读"小程序的介绍文章。

图 2-80　利用公众号对小程序进行引流

在这篇介绍文章中,不仅多次出现了"新华社微悦读"小程序,更在文末特意将该小程序的二维码列出。借助于"微信公开课"公众号的庞大用户群体,"新华社微悦读"小程序此次扫码推广加公众号推广,获得了巨大的成功,该微信小程序不仅知名度快速上升,更在短期内获得了大量的用户。

因为微信是大多数运营者比较常用的推广平台,所以,用户可能每天都会在微信上面看到大量推广信息。因此,在进行微信引流时,不仅要把握推广次数,还要注重推广的质量。毕竟只有能被用户记住,才算得上是成功的推广。

2.4.2 QQ：不可或缺的引流工具

QQ 引流，简单的理解就是利用 QQ 这款社交软件对微信小程序平台进行引流。

作为最早的网络社交平台，QQ 的资源优势和底蕴，以及庞大的用户群，对微信小程序运营者来说可谓是意义重大，是运营者必须巩固的前沿阵地。

其实对于 QQ 引流来说，非常关键的点就是要让别人相信你。在这个虚拟的社交网络中，只有信任才会让你有更好的推广效果。QQ 推广的方法有很多，如 QQ 群、QQ 空间、QQ 部落等，下面笔者就以 QQ 群推广为例进行重点解读。

现在 QQ 群有许多热门分类，微信小程序运营者可以通过查找同类群的方式加群。进入群之后，不要急着推广小程序，先在群里混脸熟，之后可以在适当时期发布分享链接。

例如，下面就是在群中分享"车来了"小程序链接的示例，如图 2-81 所示。

图 2-81　在 QQ 群分享小程序链接引流示例

运营者在 QQ 群推广过程中需要特别注意的是，广告应尽可能地进行软化，否则管理员很可能会因为广告痕迹太重直接将你移出群。

2.4.3 微博：粉丝让引流效果增益

简单来说，微博引流就是企业、商家或个人，为创造自身的价值利用微博平台进行的一种社交推广方式。通过微博引流，运营者可以对微信小程序进行适度的宣传，并获得流量。

在互联网与移动互联网快速发展的时代，微博凭借其庞大的用户规模以及操作的便利性，逐步发展成为企业微营销的利器，为企业创造了巨大的收益。由于网络营销的迅速发展，微博也成了各大企业与商家营销推广引流的重要平台。

值得一提的是，微博的每一个用户，都是微信小程序运营者的潜在营销对象。运营者可以利用微博更新消息向网友传播小程序的相关信息，以此增加小程序的曝光率。通常，在微博中推广微信小程序主要有3种方式，具体如下。

1．互动营销推广引流

进行微博互动营销，最主要的一点就是要主动与别人进行互动。当别人点评了你的微博后，你就可以和他们进行对话。小程序运营者还可以利用微博举办一些具体的活动，以此来加强与粉丝的互动。在活动的互动中，可以挖掘客户或者潜在的客户，以此来实现产品或服务的互动营销。

微信小程序电商运营者可以举办一些抽奖活动或促销活动来吸引粉丝的眼球，进而增加与用户的互动。在抽奖活动中，运营者可以设置一些条件，比如粉丝按照一定的格式转发或评论相关信息，这样就有机会中奖。

如果在促销活动中，微信小程序运营者提供比较大的折扣和优惠，甚至还能使微信小程序电商获得病毒式传播。在微博中发布促销信息时，文字一定要有诱惑性，图片一定要精美。小程序运营者还可以请各种人气博主帮忙转发，这样可以迅速扩大小程序的宣传力度。

2．硬广告推广引流

硬广告是生活中最常见的一种营销方式，它指的是人们在报纸、杂志、电视、广播、网络等媒体上看到或听到的那些为宣传产品而制作出来的纯广告。其中，微博中的硬广告传播速度非常快，涉及的范围也比较广泛，常常以图文结合的方式出现，也常伴有视频或者链接。

从现实来看，微博用户一般对各种硬广告有排斥心理，所以微信小程序运营者发布广告时，要尽量将那些硬广告软化，文字内容不要太直接，要学会将广告信息巧妙地设置在那些比较吸引人的软文里，只有这样，对用户才有吸引力。

微信小程序运营者在发布微博硬广告时，最常见也是最直接有效的方式就是图文结合。除此之外，企业在优化关键词的时候，也应该多利用那些热门的关键词，或者是那些容易被搜索到的词条，只有这样才能够增加用户的搜索率。

如图 2-82 所示，小程序运营者在新浪微博发布的微博消息，就采用了图文结合的硬广告方式来对小程序进行推广。

图 2-82　微博中的硬广告推广小程序

3．话题营销推广引流

一般来说，微博用户在打开微博之后，大多都会先选择微博里的那些好玩的内容来浏览，然后就是查找热门微博或者是查看热门话题。而话题营销推广，就是利用这些热门话题进行微信小程序的推广。

虽然话题营销推广有点"蹭热度"的嫌疑，但是对微信小程序运营者而言，话题营销可以更好地抓住用户的习惯，生产出对用户更具吸引力的内容，从而更有效地对微信小程序进行借势推广。

2.4.4　百度：让 PC 霸主为你所用

百度推广引流，也就是借助百度的各种产品，对微信小程序进行推广引流。作为中国网民最常用且影响力最大的搜索引擎之一，百度毫无悬念地成了互联网 PC 端最强的流量入口。如果小程序运营者可以利用好这一平台，便可通过社交收获到数量可观的目标用户。

具体来说，微信小程序电商百度社交推广可主要从"百科"和"知道"这两个平台切入。接下来，笔者分别对这两个方面进行解读。

1．"百科"推广引流

在互联网上，小程序运营者可以借助百科平台来做营销，将微信小程序的相关信息通过百科传递给用户，方便用户形成对小程序品牌和产品的认知，同时也有利于向潜在用户推广小程序，达到引流的目的。

百科词条是百科营销的主要载体，做好百科词条的编辑对微信小程序营销至关重要。百科平台的词条信息有多种分类，但对于小程序百科营销而言，最合适的词条形式无疑便是产品百科。

例如，下面就是百度百科中关于"小程序数据助手"小程序的相关内容，其采用的便是产品百科的形式，如图 2-83 所示。

图 2-83　利用百度百科对小程序引流示例

在该百科词条中，一方面，"小程序数据助手"这个名称多次出现，这便很好地增加了小程序的曝光率。另一方面，对使用方法、功能等进行介绍，有助于受众基于实用性使用该小程序，这对小程序引流无疑起到了非常积极的作用。

2．"知道"推广引流

在网络营销运营上，百度知道具有很好的信息传播和推广引流作用。利用百度知道平台，通过问答的社交形式，对运营者快速、精准地定位客户会有很大帮助。

百度知道在小程序推广引流上具有两大优势：精准度和可信度高。这两大优势能形成口碑效应，这对小程序推广引流来说显得尤为珍贵。

通过百度知道来询问或作答的用户，通常对问题涉及的东西有很大兴趣。比如有的用户想要了解"有哪些购物类小程序比较好用"，有一定小程序使用经验的用户大多会积极推荐自己用过的满意小程序,提问方通常也会接受推荐去试用。

百度知道营销是小程序推广引流的重要方式,因为它的推广效果相对较好,能为企业带来直接的流量和有效的外接链。

基于百度知道而产生的问答营销,是一种新型的互联网互动营销方式,问答营销既能为商家植入软性广告,同时也能通过问答来吸引潜在用户。

如图2-84所示为关于"摩拜单车"小程序如何获得立减金的部分问答信息。

图2-84 利用百度知道对小程序引流示例

上面这个问答信息中,不仅增加了"摩拜单车"小程序在用户心中的认知度,更重点对该小程序中的社交立减金进行了解读。如果看到该问答的是经常使用共享单车的用户,那么,即便只是抱着试一试的心态,也会进入"摩拜单车"小程序看一看,而这无形之中便给该小程序带来了大量流量。

2.4.5 论坛:精准营销效果自然好

论坛是一个有共同兴趣和话题的社群,所以小程序运营者在论坛中运营推广产品和服务,主要是对用户进行社群运营。

论坛的人气是营销的基础,运营者可以通过图片和文字等内容帖子,与论坛用户交流互动,这也是辅助搜索引擎营销的重要手段。

如图2-85所示为某位网友在百度贴吧中发帖推广小程序的画面。

虽然该帖明显是推广小程序,但是,因为标题中将"自己做的微信小程序"作为噱头,还是吸引了大量用户,以至于该帖获得了42个回帖。而这无疑是给小程序进行了一次很好的宣传。

图 2-85　在论坛发帖为小程序引流示例

在论坛中塑造小程序运营者的影响力,能在很大程度上带动其他用户的参与,从而进一步引导潜在用户关注运营者的产品。

2.4.6　视频:万语千言不如一段片

视频推广引流,是指小程序运营者以视频的形式,宣传推广小程序,以达到吸引眼球、获得用户的目的。因此,视频推广不仅要求高水平的视频制作,还要有吸引人关注的亮点。

常见的视频推广引流,包括电视广告、网络视频、宣传预告片和微电影等形式。

视频相比文字、图片而言,在表达上更为直观、丰满,而随着移动互联网技术的发展,手机流量不足等因素的阻碍越来越少,视频成为时下最热门的领域。借助这股东风,爱奇艺、优酷、腾讯视频、搜狐视频等视频网站获得了飞速发展。

视频背后庞大的观看群体,对网络营销而言就是潜在用户群。而如何将这些潜在用户转化为用户,才是视频营销的关键。对于微信小程序运营者来说,最简单、有效的视频社交营销方式便是在视频网站上传与小程序相关的短视频。

如图 2-86 所示是优酷视频中推广"音乐站"小程序的视频画面。

该视频看似是站在受众的角度推荐实用性小程序,实际上却是为"音乐站"微信小程序做推广引流。

如今的视频营销主要往互联网方向发展,与传统电视广告相比,互联网视频营销的受众更加具有参与性，在感染力、表现形式和内容创新等方面更具优势。互联网视频营销的传播链是，通过用户自发地观看、分享和传播，带动企业推广产生"自来水式"的传播效果。

图 2-86　推广"音乐站"小程序的视频画面

2.4.7　WIFI：让用户心甘情愿看广告

WIFI推广引流即运营者在提供的免费 WIFI 中，通过打广告等方式对微信小程序进行宣传的一种推广方式。

继百度搜索、微信、APP、直播和二维码等入口之后，商用 WIFI 被视为又一大移动互联网流量入口。不论是互联网巨头，还是运营商和创业者，都纷纷把目光瞄准了这个新的移动社交入口。

WIFI 推广营销大致可分为 3 步进行，如图 2-87 所示。

在此过程中，商家运营者可以充分利用用户连接 WIFI 的方式对小程序及其相关内容进行宣传。比如，可以将二维码换成小程序二维码，将添加关注变为进入、使用小程序。

WIFI 的出现解决了运营商存在的互联互通、高收费与漫游性等一系列问题，成了控制用户移动上网的最佳入口"点"，而且可以十分方便地通过信息传递进行商业应用，这意味着 WIFI 将从一个成功的技术转化为成功的商业模式。

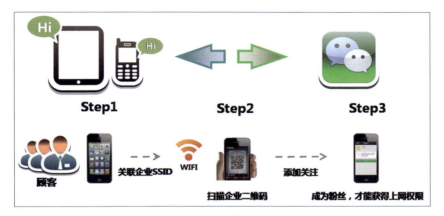

图 2-87　WIFI 营销的步骤

2.4.8　利用 @：爱他，你就得告诉他

"@"谐音"爱他"，是用来提醒他人查看自己所发布消息、增强宣传针对性的社交工具。这种推广方式因为可以对推广目标进行选择，所以，利用 @ 推广小程序的针对性通常比较强，只要目标选择准确，往往可以获得不错的推广效果。

以微信为例，@ 功能最常用于微信朋友圈，提醒特定好友查看相关信息，对微信小程序进行推广，如图 2-88 所示。

图 2-88　利用 @ 在微信朋友圈推广小程序示例

除了朋友圈，微信小程序运营者还可以在微信群聊中点击 @，提醒特定人员查看发送的小程序信息，如图 2-89 所示。

图 2-89　在微信群 @ 引流示例

2.5　小程序线下引流——4 种手段让小程序更加火爆

虽然许多运营者更习惯于进行线上引流，但是随着小程序的深入发展，竞争不断加剧，光靠线上引流肯定是不够的。因此，如何在线下推广微信小程序就成了许多运营者需要解决的一大难题。

其实，每个微信小程序都有特定的二维码，运营者只需利用好这个载体，在线下主动出击，便可以获得不错的推广效果。本节笔者就选取其中 4 种线下推广方式进行具体解读。

2.5.1　门店：天然的免费推广平台

门店推广即微信小程序运营者利用小程序二维码、社交软件等载体，在实体店门面中对微信小程序平台及相关产品进行推广。

针对有实体店的运营者，可以先让顾客对运营者微信进行添加。微信最大的好处是把陌生客户作为资源，只要加了微信，不管能不能成交，至少就能做生意了。这样，店里的顾客流失率就能控制在最小的范围内。实体店是一种很好的线下推广渠道，微信小程序运营者一定要好好利用这个资源，原因如图 2-90 所示。

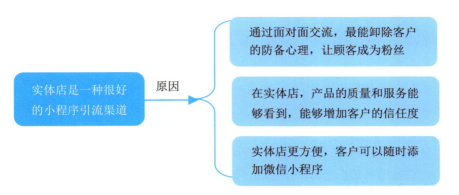

图 2-90　实体店是线下社交引流好渠道

那么，实体店线下引流应该如何来做呢？微信小程序运营者不妨试试如图 2-91 所示的 3 种方法。

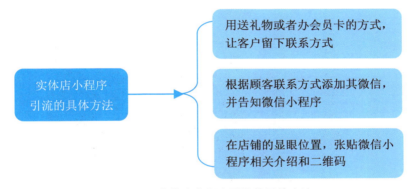

图 2-91　实体店小程序引流的具体方法

需要特别说明的是，很多事情都不可能一蹴而就，微信小程序门店推广也是如此。刚开始推广时，运营者可能不能获得预期的推广效果，但是只要坚持，就会获得不错的成效。

2.5.2　二维码："码"上就能推广

二维码推广，顾名思义，就是通过在各种活动中融入二维码这个载体对微信小程序进行推广。与其他应用相比，微信小程序推广最大的优势之一就是可以将二维码直接作为一个入口。

也就是说，用户甚至无须根据微信小程序名称搜索，只要用微信"扫一扫"识别便可以进入。而且随着微信小程序的升级，即便是一般的二维码，只要进行设置，同样可以进入二维码。

纵观人们的日常生活，微信"扫一扫"可以说是扮演着越来越重要的角色。从加微信好友，到微信支付，只要手机在身上，人们便可以通过扫码做很多事。微信"扫一扫"无疑给人们带来了越来越多的便利，与此同时，人们也越来越习惯于通过扫码进行相关操作。

在这种情况下，二维码势必会成为用户进入微信小程序，特别是线下进入微信小程序最重要的途径之一。因此，进行扫码线下推广对于微信小程序运营者的意义将日益重大，那么，如何进行扫码线下推广呢？运营者或许可以试试传单扫码推广、扫码优惠推广这两种方法。

比如，微信小程序运营者可以组织人员到人流量大的地方发放传单，扫二维码进入小程序即送饮料之类的奖品。扫码送奖的方式，让受众在获得一定福利的同时，还能了解并帮忙宣传微信小程序，如图 2-92 所示。

图 2-92　用户扫描小程序二维码引流示例

当然，需要特别说明的一点是，二维码线下推广的目的是为微信小程序增加用户，而不仅仅是吸引眼球。在此过程中，运营者可以借助二维码进行推广，但不能将推广活动变得低俗，更不能变成对受众的骚扰。

2.5.3　线下沙龙：社交也可以是推广

沙龙是一群志趣相投的人在一起交流的一种线下社交活动，小程序运营者利用线下沙龙推广，即在参加沙龙的过程中对微信小程序进行推广。这和上一章所讲的微商运营者利用沙龙引流差不多，只需将二维码和产品介绍换成小程序。

线下沙龙推广的目的是让更多潜在客户转换成目标客户,这是进行线下推广的前提,只有有目标地进行引流,才能得到最好的效果。

2.5.4 参与活动:抓住一切推广机会

之前说过,微信小程序运营者可以像微商引流一样,参加线下沙龙推广小程序。其实,如微商引流一样,小程序运营者也可以通过参加线下活动的方式进行小程序推广引流,比如参加线下比赛宣传自己的微信小程序平台。

除了参加比赛之外,运营者还可以通过参加培训课等方式,进行微信小程序的推广,例如,开展一场小程序的知识讲座就是很不错的引流方式,如图2-93所示。这些方法和注意事项都和微商引流类似,这里就不多说了。

图 2-93 开展小程序讲座引流

第 3 章
微店销量快速增长

学前提示

随着生活水平的不断提高,人们赚钱的方式也越来越多,开微店就是其中的一种。

微店虽说不大,但也是一种不错的经营方式。要想运营好、使微店的流量和销量快速增长,也需要一些技巧。本章就向开微店的新老店主介绍使微店快速获得流量、实现销量大增的方法。

- 打造完美店铺是引流的第一步
- 巧用 7 种方法提高微店流量
- 巧用推广方式获得更多流量

3.1 打造完美店铺是引流的第一步

微店和街上的商铺一样,漂亮的店铺更能吸引顾客,所以需要对店铺进行装修。微店店主们可以在后台统一进行微店的店铺装修以及管理,以使自己的店铺更加突出,能吸引顾客的眼球。

本节主要教大家怎样打造自己的店铺,提升店铺的关注度。

3.1.1 店名设计,先声夺人

店铺名称就像是人的眼睛,有魅力的眼睛才更吸引人。而使用奇特、有自己个性的店铺名称,就是让眼睛充满魅力,可以第一时间吸引消费者的眼球,从而引入客流。

店主在给店铺取名字时,除了要易于传播、记忆和具有新颖性之外,还要注意避免"撞衫",就是不要与其他店铺的名字相同,这样才能够显示出自己的与众不同,进而吸引顾客的注意力。

微店店铺取名虽说没有既定的标准,但是如果想要提升店铺的吸引力,最好知道以下技巧,如图3-1所示。

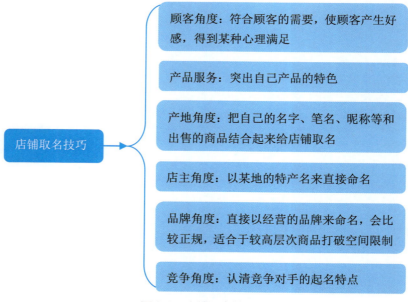

图3-1 店铺取名的技巧

例如，两个在微信公众号上开设的微店就采用了其中的两种方法。其中一个店铺突出了产品特性——"童书馆"，顾名思义，就是经营儿童读物的商城；而"三只松鼠"店铺就突出了自己的品牌，如图3-2所示。

图3-2 店铺名称示例

3.1.2 店铺图标，在线制作

店铺图标作为一个店铺的形象参考，给人的感觉是最直观的，可以代表店铺的风格、店主的品位、产品的特性，也可起到宣传的作用。

店主可以搜索"店铺图标在线制作"关键字，使用在线店标设计软件制作自己的店铺图标，如图3-3所示。

图3-3 搜索"店铺图标在线制作"关键字

例如，下面就是"微店"APP首页"隐藏清单1家好店"入口处推荐的一家首饰设计的店铺图标，店铺使用精心挑选的首饰图片作为图标，非常直观明了地说明了店铺的性质和产品风格，如图3-4所示。

图 3-4　微店店铺图标示例

3.1.3　设置公告，营造氛围

在微店运营中，店铺的公告关系到买家对店铺的第一印象，因此要好好利用。公告营造的氛围，能够吸引买家，赢得买家的信任，让买家购买商品。

店铺公告主要以文字为主，用亲切、简洁的语言将店铺特色表达出来，如图 3-5 所示，是店铺公告内容的写作技巧。

图 3-5　店铺公告内容的写作技巧

微店 APP 中的店铺公告可以在 APP 里面直接进行修改，具体操作如下。

登录微店 APP，进入"我的微店"界面，点击"编辑"按钮；进入"编辑店铺"界面，在"店铺公告"文本框内编辑公告的内容；最后点击右上角的"完成"按钮，完成店铺公告设置，如图 3-6 所示。

图 3-6 "店铺公告"编写步骤

3.1.4 设置微信号，拓宽渠道

对于一个优秀的微店来说，微信是必不可少的宣传和沟通工具，买家就是通过卖家在微店店铺里设置的微信号来沟通的。因此，店主要尽可能设置微店微信号，方便与客户联系，同时拓宽推广渠道。

以"微店"APP 为例，在微店中设置微信号的具体操作如下。

进入"编辑店铺"界面，在"微信号"栏输入店主常用的微信号；点击右上角的"完成"按钮，即可完成设置，微信号会显示在店铺的下方，如图 3-7 所示。

图 3-7 设置微信号

店铺运营者还可以在微店的店铺公告中植入微信号码。例如，某微店的店铺公告中，就添加了微信号码，对顾客进行引流，如图3-8所示。

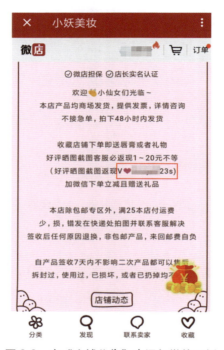

图3-8 在"店铺公告"中添加微信示例

3.1.5 设计店招，美化传达

店招是指店铺的招牌。试想，在一个繁华的地段，有一个很漂亮的广告正在播放，你是不是会停下脚步看一两眼呢？对于微店来说，店招就可以起到这样的作用，不仅可以向买家传递店铺信息，而且还能推广和宣传自己的店铺、品牌。

店招的设计原则主要有以下两点：
- 直观明确地告诉客户自己店铺销售的物品，最好用实物照片来表现。
- 让客户看见自己店铺的卖点。

从店招的两个设计原则上，我们总结了4个要点，如图3-9所示。

例如，如图3-10所示，这两个微店的店招就很有代表性。其中一个是"美妆"类微店，使用了粉色背景，这是考虑到顾客群的喜好，另外分类也是清晰明了，让顾客一进店铺就能对店铺产品有个大概的了解。

店招设计技巧
- 店铺名字,告诉客户店铺是卖什么的,品牌店铺可以标榜自己的品牌
- 实物照片,用实物直观地展示店铺的商品,既真实又形象,可以增强客户的信任感
- 产品特点,直接阐述店铺的产品特点,第一时间打动客户,吸引客户
- 产品竞争,告诉客户店铺和产品的优势以及和其他店铺的不同,形成差异化竞争

图 3-9　店招设计的技巧

另外一个店铺是"木艺"类,使用浅色的木板作为背景,直接说明店铺性质,同样分类也是丝毫不乱,简洁明了,看上去觉得很舒服,很容易让人心生好感。

图 3-10　店招设计示例

3.1.6　完善店铺基础设置

在店铺的运营中,还有很多可以用来吸引顾客的设置,比如运费设置、货到

付款、退货设置和担保交易等。下面教大家怎样用这些设置来完善自己的店铺，更好地吸引顾客流量。

1．运费设置

对于店家和消费者来说，运费都是一笔不小的开支，而且往往那些成功的微店商家，都能巧妙地利用极低的运费甚至包邮来吸引顾客，既满足了顾客的需求，也获得了丰厚的回报。

常见的运费模板包括标准运费、物流折扣或者减免、包邮和自定义运费。运费设置的具体步骤如下。

首先登录微店APP，进入"我的微店"界面，点击"编辑"按钮；进入"编辑店铺"界面，点击"运费设置"按钮；进入"运费设置"界面，点击"修改运费"按钮，如图3-11所示。

图3-11 进入"运费设置"界面，点击"修改运费"按钮

执行操作后，进入"修改运费"界面，就可以设置相应的运费，还可以点击"添加指定地区运费"按钮设置指定地区运费；最后点击"完成"按钮，完成运费设置的整个操作过程，如图3-12所示。

2．货到付款

货到付款最大的好处就是可以开箱验货，在货品到达买家手上的时候，买家可以先拆封包裹查看货品有无破损，货品描述是否与购买图一样，检验货物质量情况，如果与事实不符，可以标明理由，要求退换货。

图 3-12　设置相应的运费

这项设置对增强顾客对店铺的信任感是很有帮助的，具体设置步骤如下。

进入"编辑店铺"界面，点击"货到付款"按钮；进入"货到付款"界面，对"货到付款"选项进行勾选，系统提示"货到付款开通成功"。点击"货到付款服务费"按钮，弹出"货到付款服务费比率(%)"列表框，可以在此设置货到付款服务费比率，如图 3-13 所示。

图 3-13　设置货到付款服务费比率

3．七天无理由退货

"七天无理由退货"的具体操作步骤如下。

进入"编辑店铺"界面，点击"七天无理由退货保障"按钮；阅读相关细则后，点击"加入七天无理由退货保障"按钮，没有任何疑问后，点击"确认"按钮，即可完成加入，如图3-14所示。

图3-14 加入"七天无理由退货保障"的方法

4．担保交易

"担保交易"是针对电子商务中卖家与买家的交易安全问题设置的功能。它有效地解决了电子商务交易中的信用问题，即买家担心付款后收不到货物，而同时卖家也担心发出货物后收不到钱。

担保交易的推出，大大促进了微店的成交率，开通担保交易的好处体现在以下4点，如图3-15所示。

下面就教大家开通微店的担保交易，具体步骤如下。

进入"编辑店铺"界面，点击"担保交易"按钮；弹出"担保交易"界面，仔细阅读微店担保交易服务约定后，点击"开通担保交易"按钮；系统弹出提示信息"开通担保交易后，需要联系客服，才能帮您取消担保交易设置"，点击"是"按钮，即可完成担保交易设置，如图3-16所示。

图 3-15 开通担保交易的好处

图 3-16 设置"担保交易"步骤

3.2 巧用 7 种方法提高微店流量

微店如何引流是每个微店运营者都在思考的问题。如今已经不是"酒香不怕巷子深"的时代了，好的微店如果没有流量同样会被同行淘汰。

上一节我们讲了打造好一个完美店铺是微店引流的第一步，而下面将为大家分享微店引流的 7 种具体操作方法。

3.2.1 通过与网红合作

网红即网络红人，其在网络上拥有广大的粉丝和很高的关注度，因此微店运营者要想在短时间内让更多的人注意到自己的店铺,就可以通过与网红合作的方式,利用网红的粉丝效应,完成店铺的推广引流任务。

另外,除了网红强大的流量基础外,利用与网红合作的方式还有以下两点好处,如图 3-17 所示。

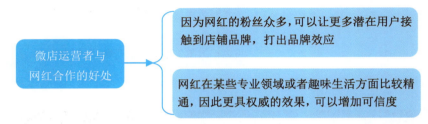

图 3-17　与网红合作对微店引流的好处

例如,一个微博网红对一家微店进行宣传,并放上了微店的网页链接,如图 3-18 所示。

图 3-18　与网红合作进行微店引流示例

这个网红拥有 91 万个粉丝,所以他发的这条宣传微店的微博有不少人点赞、评论和转发,达成了很好的传播效果,让微店得到了很多人的关注。

3.2.2　通过与其他店铺合作

微店运营者可以通过与其他店铺合作的方式来增加流量。这里其他的店铺可分为热门店铺与普通店铺两种。

热门店铺和网红一样,都拥有众多的流量,但热门店铺与网红不同的是,因为同为微店，热门店铺向顾客推荐其他店铺时顾虑更多。

所以运营者在选择热门店铺进行引流时，一定要注意以下 3 点，如图 3-19 所示。

图 3-19 选择热门店铺进行微店引流示例

在很多时候，热门店铺往往不愿意与其他微店分享流量，因此，运营者需要寻找实力相当的伙伴进行合作引流。

在"微店店长版"APP 里，有个名为"社区"的流量入口，如图 3-20 所示。

图 3-20 "微店店长版"APP"社区"入口

微店运营者可以在"社区"里寻找自己的"组织"，通过抱团互推的方式增加流量。如图 3-21 所示为"商学院"组织策划开展的抱团互推活动心得总结帖子，取得了很好的效果。

图 3-21　寻找组织抱团互推引流帖子

下面简述在"社区"寻找相关"组织"的方法。

进入"社区"界面,点击"更多官方组织"按钮;进入"组织"界面,寻找相应组织,点击"关注"按钮对其进行关注即可,如图 3-22 所示。

图 3-22　寻找"组织"进行关注的方法

3.2.3　通过与主流快递合作

与快递企业合作对微店进行引流,是近段时间兴起的推广模式,目前已有多家知名快递公司承接这类业务。

对于运营者来说,用快递宣传推广有以下 3 个好处。

1．覆盖人群广且精准

快递工作人员派送快递往往覆盖整个城市,面积不可谓不广;另外,收取快递的用户大多经常在网上购物,这样的人群转化为微店顾客的概率往往更高。

2．效率更高

现在人们对于广告基本上看都不看,但是印在快递单上的广告往往会让人不经意间就看到,因为收件人必须确认快递信息,在浏览信息的同时,也就看到了快递单上的广告。

3．费用低廉

相比其他类型的商业推广,这种快递引流的运营成本称得上低廉了,同时操作也很简单,因为只需付费和提供宣传页面内容,就可以让快递公司完成后续推广步骤,节省人力。

下面就是申通快递详情单上的广告示例,如图 3-23 所示。

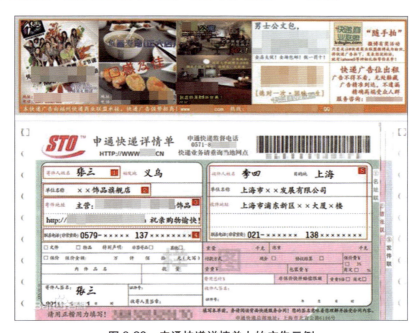

图 3-23　申通快递详情单上的广告示例

3.2.4　通过活动吸引顾客

提升用户体验、提升用户参与感是微店经营中吸引粉丝与获得粉丝好感的必然途径，而举办类似于转发就能抽取礼品这样的活动，是最能够达到低成本高成效的。所以微店活动能激发用户积极参与，从而达到推广的效果。

如图 3-24 所示为某微店在店铺公告中发布的活动信息。

图 3-24　店铺开展集赞活动引流示例

微店运营者开展用户转发集赞的活动，满 88 个赞就能免费得到 200 元以内店内产品，这能激发很多人的转发热情。类似的活动还有收藏优惠、回头客优惠与好友推荐优惠等。

3.2.5　通过节假日吸引顾客

随着生活水平的提高，人们对于节日的兴趣与重视程度越来越高，因此微店运营者可以好好利用节日这个特殊日子，对店铺进行宣传。

很多消费者喜欢在节日去购买产品，因为节日一般都意味着打折。因此微店运营者可以在节日举行优惠活动，抓住这个时机，趁机打出店铺品牌，然后进一步抓住顾客。

节日被人们广泛关注，还因为节日的纪念意义。很多人选择节日去旅游或做与节日相关的事情，所以运营者也可以推出与节日相关的产品，增加店铺的客流量。

如图 3-25 所示为店铺推出的五一旅游类型产品。

图 3-25　利用节日推广引流示例

3.2.6　积极参加各项线下集体活动

学若无友难免会孤陋寡闻，运营微店也是这个道理，要时刻了解这个行业的动态，积极与行业人员进行交流，增加自己的知识与心得。因此，微店运营者可以组织或参加行业内集体活动，在学习的同时也为自己积累人脉，打出自己的品牌，创造自己的权威，这对于吸引顾客是很有帮助的。

如图 3-26 所示为房产微店的线下研讨沙龙活动。

图 3-26　微店线下沙龙活动引流示例

3.2.7 发送宣传单吸引顾客

在大街上，往往会有工作者对行人派发宣传单，以达到宣传引流的目的。但是很多行人都是匆匆扫一眼就把传单丢进了垃圾桶，使得宣传的效果不是很好。因此运营者如果要用发送宣传单进行推广引流的话，要注意以下 4 点。

1．人流量要大

人流量越大，意味着看到的人也越多，宣传的受众越广。

2．要选择人群

选择与微店产品相关的人群进行派发，能提高转化率。

3．内容要吸引人

平淡的宣传单只能让读者记住很短的时间，并马上被丢进垃圾桶。

4．宣传单形式多样

宣传单的形式可以是多样的，一个创意很好的宣传单具有保存的价值，最常见的是在夏天的时候派发一些塑料扇子。

运营者可以找专业团队设计宣传单的样式。如图 3-27 所示为扇子形式的宣传单设计展示。

图 3-27　扇子形式宣传单展示

3.3　巧用推广方式获得更多流量

做微店少不了推广微店及产品。而如何推广微店及产品，是微店运营者面临的一大难题。本节介绍利用多种工具进行推广的方法，帮助微商解决推广难题。

3.3.1 利用朋友圈推广微店

朋友圈推广就是通过朋友圈发送动态引导朋友支持自己，购买自己的产品。除了发布动态外，微店运营者在朋友圈还有 4 个关键的展现点，如图 3-28 所示。

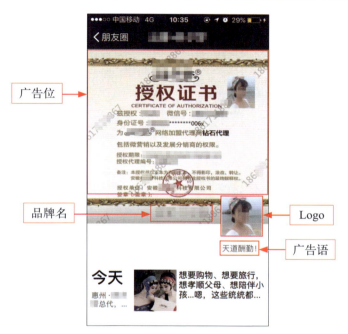

图 3-28　朋友圈的 4 个关键展现点

微商通过这 4 个关键的展现点，可以充分展示产品信息和品牌信息。

微信凭借着较强的即时性和互动性，已然成为微店及产品推广的主战场。下面笔者向大家介绍如何利用微信的各个功能进行微店推广。

1．分享至朋友圈

目前，微信受到越来越多用户的喜欢，使用微信的朋友也越来越多。

在微信里有一个功能，就是微信朋友圈，用户既可以发布图片和文字，也可以看到好友发布的消息和图片。

这一功能为微店的推广增加了新的渠道，微商可以将店铺的链接以及相关信息发布在微信朋友圈，吸引微信好友购买，并利用口碑进行宣传。可以说，微信朋友圈是微信推广中不可欠缺的一部分。

下面简述将微店店铺信息分享到朋友圈的操作方法。

打开微店 APP，点击"微店"按钮；进入"微店管理"界面，点击下方的"分享"按钮，如图 3-29 所示。

图 3-29　点击"微店"按钮，再点击"分享"按钮

执行操作后，弹出"通过社交软件分享"界面，点击"朋友圈"按钮，在弹出界面的文本框中编辑推广内容；确认无误后点击"发送"按钮，完成整个操作，如图 3-30 所示。

2．发布链接动态

微店运营者还可以通过在朋友圈发布动态的方式对店铺进行推广引流，比如发送店铺链接。在微店店铺中提取链接并发送到朋友圈的步骤如下。

在"微店管理"界面，点击店铺下方的"复制链接"按钮；选择"复制店铺名称＋链接"选项；进入朋友圈，长按右上角的 图标，进入"发表文字"界面，将复制的信息粘贴到文本框中，点击"发送"按钮，完成整个操作，如图 3-31 所示。

3．写好推广文案

朋友圈营销的核心就是"深化与朋友的关系"，因此，微商要把与朋友的"弱关系"转变为"强关系"，只有把关系放在首位，深化与朋友的关系，才能迎来长期与高质量的发展和收获。

微商要想强化朋友圈的关系，就必须打造精彩的朋友圈内容。

图 3-30 点击"朋友圈"按钮，再点击"发送"按钮

图 3-31 复制店铺名称和链接，粘贴后发送

4．朋友圈推广技巧

微商利用微信朋友圈交易的前提是客户信任，而微信朋友圈里的人大多数是朋友，有了一定的信誉度后，只要再掌握一些朋友圈的推广技巧就完美了。朋友圈的推广技巧如下。

- 不要经常刷屏：一天可以发两三条不同形式的广告微信。
- 积极与好友互动：多去评论朋友的微信，为他们点点赞。
- 不要只发广告：微信里还要有一些自己生活写照的内容。
- 打造个人品牌：微信里可以分享一些推送信息，推送的东西要充满正能量，能够传达运营者的做事做人理念，以便于打造个人品牌。
- 合理地增加好友：充分利用自己的社会人脉资源，增加自己的好友数。

3.3.2 利用 QQ 群推广微店

目前，腾讯公司占据着中国很大的无线互联网市场，微店运营者要利用线上推广引流，就要好好利用 QQ 这个霸主级平台。

QQ 有很多产品都适合微店运营者进行微店推广，例如 QQ 空间、聊天、QQ 群、QQ 部落以及 QQ 邮箱等。这里只以 QQ 群推广引流为例，讲解运营者利用 QQ 这个平台引流的方法。

微店运营者应该如何利用 QQ 群进行推广呢？具体方法如图 3-32 所示。

图 3-32　利用 QQ 群进行推广的方法

通过在 QQ 群里分享店铺的方式进行推广引流的示例如图 3-33 所示。

图 3-33 利用 QQ 群进行推广示例

3.3.3 利用微博推广微店

微博同样是微店进行推广的热门渠道。微博推广是指通过微博平台为微商、个人等创造价值而执行的一种方式，也是指微商或个人通过微博平台发现并满足用户的各类需求的商业行为方式。

微博推广具有以下几个特点，如图 3-34 所示。

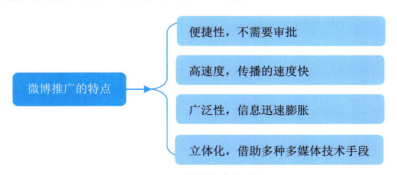

图 3-34 微博推广的特点

微博同样有很多产品适合微店运营者推广店铺，例如，发 140 字微博、发头条文章、在话题中发帖与 @ 知名人士等。这里只以发布 140 字微博为例，介绍微店运营者利用微博这个平台推广微店的方法。

在微博的众多产品中，140 字微博是最便捷也是最受用户欢迎的，因此微店运营者可以通过这样的方式，在博文中放入店铺链接，达到引流的效果，如图 3-35 所示。

图 3-35　发布 140 字微博推广微店示例

在这条微博中，运营者使用了"插入话题"功能，让微博的读者群更大。另外，还可以在文中使用"@"功能，@ 知名或权威人士，扩大微博的影响力。

3.3.4　利用贴吧推广微店

百度是世界上最大的中文搜索引擎平台，根据数据显示，百度贴吧目前注册用户超过 10 亿，月活跃用户突破 3 亿，共拥有 2222.5 万个主题贴吧。微商完全可以利用这个拥有庞大用户群体的平台，开拓出新的推广渠道。

利用贴吧推广要注意以下几点，如图 3-36 所示。

运营者在百度贴吧推广微店，主要通过发帖和回帖两个方法。发帖就是在与产品相关的主题贴吧中发布帖子，吸引贴吧成员的注意；回帖就是通过回复热门帖子来让用户对其进行关注。

例如，下面就是微店运营者在"微商吧"发布的一条帖子，运营者还通过自回的方式嵌入了店铺链接，如图 3-37 所示。

图 3-36　利用贴吧推广的注意要点

图 3-37　在百度贴吧发帖推广引流示例

3.3.5　利用"分成推广"推广微店

在微店 APP 中，微店运营者可以开通微店"分成推广"，推广者可以通过分享微商的店铺促成购买得到佣金。下面介绍微店开通"分成推广"的方法。

首先打开微店 APP，进入"营销推广"界面，点击"分成推广"按钮；显示相关条款，点击"同意"按钮，如图 3-38 所示。

执行操作后，进入"设定佣金比例"界面，点击"选择佣金比例"按钮；弹出"选择佣金比例"界面，设定好佣金比例后，点击"确定"按钮，如图 3-39 所示。

执行操作后，在弹出信息提示框中，点击"是"按钮，即可将所有商品设定相同的佣金比例，如图 3-40 所示。

在"分成推广"界面，点击"查看报表"按钮，即可查看分成推广报表，包括"累计支付佣金"和"推广成交金额"，如图 3-41 所示。

如果想取消分成推广,直接在"分成推广"界面中点击"取消分成推广"按钮,再点击"是"按钮即可,如图 3-42 所示。

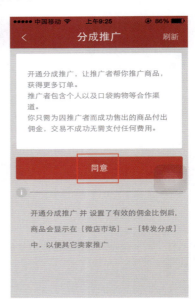

图 3-38　同意分成推广

图 3-39　设定佣金比例

图 3-40　确定佣金比例

图 3-41　查看报表

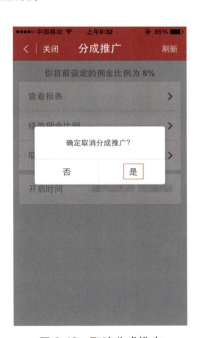

图 3-42　取消分成推广

微店 APP 中的分成推广相当于发展代理，利用让利的形式让其他人来帮助运营者进行产品销售，能够很好地提高流量和销售量。

3.3.6 利用信息推送推广微店

微信信息推广是伴随着微信的火热而兴起的一种网络推广方式，也是微店运营者对微店进行引流推广的重要方式。

微店运营者可以通过向用户提供需要的信息，推广自己的产品，从而实现点对点的营销。

微信信息推送的特点包括以下几点。

1. 产品描述

通过一对一的信息推送，微店运营者可以与"粉丝"开展个性化的互动活动，提供更加直接的互动体验。

2. 功能模式

微信主要有文字、图片、语音以及视频等信息推广方式。

（1）图文并茂。

微店运营者运用图文并茂的公众号信息开展推广，可以借助产品和店铺图片，直观而形象地吸引客户。如图3-43所示，就是"手机摄影构图大全"公众号为自己微店新书发布的一篇推文。

图3-43　微信公众号发布图文并茂的推文

(2) 小视频。

微商可以在聊天窗口或朋友圈拍摄一段小视频，帮助进行产品品牌传播，如图 3-44 所示。

图 3-44 微信小视频

(3) 语音信息。

语音是一个强大的信息功能，微商可以随时拿起手机和客户沟通，它更适合微店日常交易的咨询会话，如图 3-45 所示。

3. 营销方式

微信上添加的好友大多是亲朋好友，熟人之间更容易建立起信任。因此，微信里的目标客户质量更高、忠诚度更高且购买可能性更大。

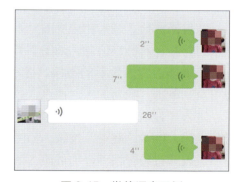

图 3-45 微信语音示例

3.3.7 利用"口袋直通车"推广微店

"口袋直通车"是口袋购物推出的个性化营销平台，是为广大微店运营者量身定制的按点击效果付费的营销工具，"口袋直通车"能为店铺宝贝带来精准推广。

微店运营者利用"口袋直通车"推广的操作方法如下。

首先打开微店 APP，进入"营销推广"界面，点击"口袋直通车"按钮；进入"口袋直通车"界面，显示"口袋直通车"的基本介绍和开通条件，点击"开通口袋直通车"按钮，如图 3-46 所示。

图 3-46 点击"口袋直通车"和"开通口袋直通车"按钮

执行操作后，进入相应界面，系统会提示用户在电脑上访问口袋购物微商营销平台，并显示链接信息，如图 3-47 所示。

在电脑上输入显示的链接，进入口袋购物商家中心主页，单击"我要加入"按钮，如图 3-48 所示。

进入"口袋购物"页面，在"登录"栏输入手机号和密码，单击"登录"按钮，如图 3-49 所示。

进入"口袋营销平台"页面，单击"口袋直通车"按钮，如图 3-50 所示。

进入相应页面，显示开通的条件和注意事项，单击"确认，我要开通口袋直通车"按钮，即可完成全部操作，如图 3-51 所示。

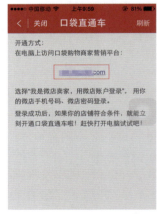

图 3-47 显示链接信息

图 3-48 单击"我要加入"按钮

图 3-49 登录口袋购物

图 3-50 单击"口袋直通车"按钮

图 3-51 确认开通口袋直通车

第 4 章

朋友圈赚钱营销有术

> **学前提示**
>
> 随着科技的发展,人们的生活中出现了越来越多的新奇东西,特别是网销、网购等方式,让时代焕然一新。而用户数众多的微信朋友圈已然成了运营者营销引流的重要阵地。本章主要介绍朋友圈的营销引流方法,让企业和商家的产品通过朋友圈更好地销售出去,也让大家都融进这个新的时代,成就美好生活。

- 打造"吸金"朋友圈,做好引流良好开端
- 打造完美朋友圈内容营销,实现轻松引流
- 朋友圈引流 6 种具体方法,让引流不再困难

4.1 设置"吸金"朋友圈,做好引流良好开端

微信火爆来袭,成为营销的主流平台,朋友圈则成了宣传产品的有力渠道,通过熟人圈子来销售产品,有很高的真实性。

在利用朋友圈营销之前,首先要掌握用好朋友圈的一些基本技巧,下面介绍几招干货,教你玩转朋友圈。

4.1.1 头像:最佳广告位要用好

现在都讲视觉营销,也讲位置的重要性,而微信朋友圈首先进入大家视野的就是微信的头像,可以说,这小小的头像图片,是微信最引人注目的广告位,我们一定要用好,不要浪费了。

在笔者的微信朋友圈里,有几千个朋友,我对他们的头像进行了分析总结,普通人的头像两种图片最多:一是自己的人像照片,二是拍的或选的风景照片。

但是侧重营销的人,即使所用的也是人物照片,却相对要高一个层次。侧重营销的人3类照片用得较多:一是自己非常有专业范的照片,二是与明星的合影,三是自己在重要、公众场合上的照片。

不同的头像,传递给人不同的信息,注重营销的朋友,建议根据自己的定位来进行设置,可以从这几个方面着手。

(1)个人品牌,最好用自己的头像,如图4-1所示。

(2)本地化商铺,可以用店铺照片作为头像,如图4-2所示。

图4-1 使用自己照片作为头像示例

图4-2 使用店铺照片作为头像示例

(3)某类产品,可以用"明星+产品"的照片,如图4-3所示。

(4)企业品牌,可以用品牌企业Logo作为头像,如图4-4所示。

图 4-3 使用"明星+产品"照片作为头像示例　　图 4-4 使用企业 Logo 作为头像示例

以上的头像图片，是不是比常规头像显得更有范，视觉效果更美？设置头像的方法如下。

首先打开微信，点击右下角的"我"按钮；点击最上面一行的微信号头像或名称；进入"个人信息"界面，点击"头像"按钮，如图 4-5 所示。

图 4-5 进入"个人信息"界面，点击"头像"按钮

执行操作后，会弹出"图片"界面，可以选择"拍摄照片"，还可以直接选择照片；拍好或选好照片，点击"使用"按钮，完成设置头像的全部操作，如图 4-6 所示。

运营者参照以上方法，可以将头像换成对自己营销最为有利的各种图像。但切记，一定要让对方感到真实、有安全感，这样对方才会更加信赖自己，毕竟信任是营销好的开始。

图 4-6　选择照片，点击"使用"按钮

4.1.2　昵称：好的名称就是品牌

头像给人的是第一视觉形象，而昵称给人的是第一文字形象。从营销的角度，好的名称自带品牌和营销功能，特别是在虚拟环境中，是方便他人辨别的重要标志，因此一定要用好昵称。

在营销过程中，取一个恰当且正式的名字，会让客户对所销售的对象有一个更加直观的认识。所以在命名时，我们应该尽量去挑选一些令人耳目一新的、别具一格的、让对方一眼就能留下深刻印象的名字。

总结一下，取微信昵称要注意以下 3 个要素，如图 4-7 所示。

图 4-7　微信昵称要注意的要素

1．常规取名法

常规微信昵称的取法，这里给大家总结了 4 种。

(1) 真实取名法：直接用自己的姓名或者企业名称来命名，如图 4-8 所示。

(2) 虚拟取法：可以选用一个艺名、笔名或网名等，但切记不要老换名称，如图 4-9 所示。

图 4-8　真实取名法示例

图 4-9　虚拟取法示例

(3) 创意取法：如同音与谐音等手法都可以，例如有个昵称叫"如果"，因为这位运营者是开水果店的，这个名字新颖而且包含了所销售的商品信息，如图 4-10 所示。

(4) 组合取法："中文名＋英文名"或者"企业名称＋中文名"等，这样的取名法让人一目了然，不仅找起来方便，而且对公司的印象也会更加深刻，如图 4-11 所示。

图 4-10　创意取法示例

图 4-11　组合取法示例

2. 符号取名法

营销有时讲究的是创新和独特性，除了枯燥的中文和英文，我们可以在昵称中加入可爱的表情，来传递出一种向上、热情的气质，给人留下不一样的印象。

使用符号取名法的具体操作方法如下。

在"个人信息"界面，单击"昵称"按钮；弹出"更改名字"界面，单击文字输入区域的 ☺ 图标；弹出可以选择的各种符号列表；选择合适的符号，点击"保存"按钮，完成符号型昵称的全部操作，如图4-12所示。

图4-12　符号型昵称操作示例

符号型昵称的取法，从营销的角度，可以选择直接反映商家所销售的商品相关的符号，这样不但形象、直观，而且令让顾客对产品的类型和功能一目了然。

3. 特殊位置取名法

这里介绍一种独特位置取名法，即将自己的电话号码以小写的方式，置于名称的右上方位置。这种方法一般的人不会，这里分享给大家。

对于在微信朋友圈中做销售的商户来说，让对方能够轻易且迅速地取得自己的联系方式是非常重要的。有些人会选择将电话号码放入昵称之后，可是这样可能会导致名称字数过长，一些有效信息被掩盖。

这个时候，我们可以上网找到一种叫作"上标电话号码生成器"的程序，来解决这个问题。接下来为大家介绍这个程序的具体用法。

首先打开百度浏览器，搜索"上标电话号码生成器"，并单击链接打开，如图 4-13 所示。

图 4-13　搜索"上标电话号码生成器"

执行操作后，进入"上标电话号码生成器"界面，将自己的号码输入，单击"一键转换"按钮；页面弹出转换后的号码数字，进行复制，如图 4-14 所示。

图 4-14　输入号码，转换后复制

最后将这些数字粘贴在自己的昵称后面，这样既美观又方便的电话号码上标便做好了，效果如图 4-15 所示。如果要取消号码，直接在昵称后删除即可。

图 4-15　电话上标昵称示例

4.1.3 个性签名：字字千金要想好

个性签名是向对方展现自己性格、能力与实力等最直接的方式，具有很强的个人风格。所以，为了从一开始就给客户留下一个好印象，我们应该重点思考如何写好个性签名。

取什么样的个性签名，取决于我们的目的，即在对方或客户心里留下一个什么印象，或达到一个什么营销目的，然后再提炼展示我们的产品、特征或成就，如图4-16所示。

图4-16　个性签名的目的

一般来说，不同用户个性签名的设置大概有以下3种风格。

1．个人风格式

这是个性签名中最常见的风格。选择此种风格的用户会根据自己的习惯、性格特征与喜欢的好词好句等来编写个性签名。一般来说，微信的普通用户都会选择这种风格作为自己的个性签名，如图4-17所示。

图4-17　个人风格式的个性签名

2. 成就展示式

使用这个风格个性签名的用户，一般都会带有一定的营销性质。但他的身份很少会是直接的销售人员，作为服务人员的可能性更高一些。但他绝对也是销售与宣传环节不可缺少的一员。

比如接下来介绍的两位雅思老师，他们并不直接对外销售课程，也就是说，交易的直接过程他们并没有参与，可是他们同样也提供营销与广告宣传，因为他们是整个销售过程的一个环节，如图4-18所示。

图4-18 成就展示式的个性签名

3. 产品介绍式

这种方式可以说是销售人员最常用的方式。它采取最简单粗暴的方式告诉对方用户他的营销方向与内容，如图4-19所示。

图 4-19 产品介绍式的个性签名

4.1.4 主题照片：形象成就全系于此

从位置展示的出场顺序上说头像是微信的第一广告位不假，但如果从效果展示的充分度而言，朋友圈主题图片的广告位价值更大。

大在哪？大在尺寸，可以放置大图和更多的文字内容，更全面、充分地展示我们的个性、特色与产品等。

微信的主题照片，其实是头像上面的背景封面。做得比较好的效果案例如图 4-20 所示。

更换主题照片的方法如下。

首先，进入"朋友圈"界面，点击主题照片；会弹出"更换相册封面"按钮，点击它；进入"更换相册封面"界面，点击"从手机相册选择"按钮，如图 4-21 所示。

然后在相册中选择一张合适的照片，点击"使用"按钮，朋友圈封面便设置完毕，如图 4-22 所示，效果如图 4-23 所示。

图 4-20 制作精美的朋友圈主题照片示例

图 4-21 点击"更换相册封面"和"从手机相册选择"按钮

图 4-22　点击"使用"按钮

图 4-23　设置完毕效果

微信的这张主题照片，尺寸比例为 480 像素 ×300 像素左右，因此大家可以通过"图片＋文字"的方式，尽可能地将自己的产品、特色与成就等完美布局后，充分展示出来。

大家可以自己用制图软件去做，也可以去淘宝网搜索"微信朋友圈封面"，现在已经有人专门为大家量身定制主题广告照片了。

4.1.5　地址信息：注意力也是营销力

在朋友圈设置中，除了头像、昵称、个性签名与主题照片等我们要精心设置外，还有一个细节十分重要，那就是微信朋友圈中"地区"位置信息，其中显示了我们的地理位置，即地址信息。带有地址信息的朋友圈动态如图 4-24 所示。

其实这种地址的设置方式十分简单，当商户们准备发朋友圈时，在编辑界面点击"所在位置"按钮，这时微信系统就会自动识别你所在的位置，然后将地址显示在朋友圈信息当中，如图 4-25 所示。

为什么说地址的信息从注意力角度也是一种营销力？下面简要说明一下。

图 4-24 带有地址信息的朋友圈动态　　图 4-25 设置"所在位置"示例

1．隐私公开

正常情况下，大家都不会去公开地址信息，因为这是一种隐私，如果公开了，就等于暴露了自己的位置，甚至是做的事情。而从营销的角度，暴露地址信息，无疑会引起大家的注意力，而我们营销要的就是大家的注意力。

2．真实信任

在朋友圈放出自己的地址信息，只要是真实的，便会给人一种真实的感觉，从而增加信任，信任是营销好的起点。

3．方便客户

有一个十分现实的问题：如果商户和购买者在共同的城市，送货地址对客户来说，如果比较方便和快捷，那客户就会首选，因此地址信息也是营销信息。

4.1.6　工作微信与社交微信分开运营

有人会问，把工作微信与社交微信分开运营，那岂不是把增粉引流的难度增大？其实很多时候，微信上只有一部分人在关注你。尤其工作微信难免会有广告，因此关注度就更低了。

所以，把二者分开来运营就可以理解了，并且这样做是有很大好处的。

1．精准度高，成交率高

微信作为社交平台，添加好友相对容易。如果朋友圈打造得很干净，内容全部是纯粹的生活分享，很容易获得别人的好感。

在社交微信加了很多好友后，接着要做的，就是将上面的好友引流到工作微信。而通过这种方式引流过去的好友，精准度非常高，拥有很高的成交率。

2．不用担心发广告被屏蔽

另外，运营者一般很忌讳每天在朋友圈广告刷屏，但按照这种方法，即使他在工作微信中发布的全部是广告，也不会被人拉黑、屏蔽，反而是引导好友购买的入口，产品竞争力大的话，还能为微信带来不少粉丝。

4.2　打造完美朋友圈内容营销，实现轻松引流

在朋友圈进行推广引流，内容营销是必不可少的，本节将介绍如何打造出完美的朋友圈内容，让朋友圈推广引流变得轻松。

4.2.1　推文时间：把握软文最佳发布时间

运营者在朋友圈营销推广时，除了得注意发布的内容以及针对的群体以外，选择一个合适的发布时间也是非常重要的。

一般来说，运营者们最好选择在每天早上 8 点半到 9 点半这段时间来进行软文发布，因为这个时间段，无论是阅读率还是转载率，一般来说都是最高的。

其实我们在阅读微信公众号的时候也会发现，比较正规的企业运营号，发布时间都是后台设定好了的，几乎都在早上、晚上的黄金时段或是午夜 12 点发。

不过不同的平台有着不同的黄金发布时间段，下面以微信朋友圈动态的发布时间为例进行详细说明。

1．早上 8 点左右

新的一天开始，人们的大脑得到了充足的休息，对信息的需求量也相对要大，这是运营者推送信息的黄金时段。

2．中午 11 点半到 12 点半

这段时间大家一般进入吃饭和午休的阶段，玩手机微信的概率大大增加，运营者可以把握这个时间进行信息推送。

3．晚上 8 点到 9 点

这个时间进入晚上的黄金时段，工作一天，大家进入放松的时刻，通常是在看电视或者散步，比较容易接受广告推送。

不同的营销项目和不同的产品选择的发布时间可能不尽相同，运营者们要因地制宜，根据自身产品的情况而定。此外，动态的发布时间并非是一成不变的，没有必要严格按照推荐时间进行发布，这样是不切实际的。

接下来介绍把握微信朋友圈内容推送时间的技巧。

(1) 依作息而定。对不同的营销对象，商户要采取不同的推送时间。由于微信里很多好友都是自己熟悉的朋友，对于朋友们的作息时间一般都能掐准，所以，很容易做到因人而异了。

(2) 数据分析。这一步骤是企业针对不熟悉的好友而做的，这是为了成功把握好友活动的时间。利用合适的时间进行微信内容推送，效果往往会事半功倍。

(3) 按时发布。对于一个想要塑造品牌形象的运营者而言，在保证微信内容质量的同时，最好形成按时发布的习惯，这样能让用户避开那些骚扰信息，定时地去翻看运营者的微信，同时也让用户形成习惯。

(4) 拒绝刷屏。要根据固定的时间进行软文的推送，不要出现刷屏现象，这样只会伤到朋友间的情谊。

(5) 了解社会动态。商户必须随时注意社会动态，当遇上重大时事政治、社会新闻时，可以根据具体情况改变推送微信的时间。

4.2.2　描绘商品：道出特色，吸引购买欲望

在微信上消费的用户大多会利用自己的第一印象来确定消费目标，购买欲望的产生往往是在看到宝贝的第一眼。好的商品描述能够以简单的文字和图片道出宝贝的特色，让广大的人民群众产生购买欲望。

所以三言两语将产品描绘得真实又实用，是每个做朋友圈营销的商户应该必备的技能。

撰写宝贝描述其实是很简单的，只要从以下 4 个方面着手，那么商品描述问题就将会得以解决。

1．文字＋图像——直观手法提高顾客阅读体验

相比 QQ 空间或者新浪微博，朋友圈的发布方法比较麻烦，有一些对电子商品不太敏感的人都不知道怎么去发朋友圈。

朋友圈有 3 种方式的动态可以发布，一种是纯文字，一种是图文并茂的内容，还有一种是视频内容。

建议最好采用图文结合的方式。图文结合的朋友圈软文，会比单纯的文字更加醒目、更加吸引人，蕴含的信息量也更大，因为漂亮的图片总是比枯燥的文字更加惹人关注。

所以，能够修得一手好照片，也是一个运营人士必备的基本技能。在图文中展示产品的时候，可以尽可能让产品背景清爽，场面看起来干净。

在微商进行产品营销的过程中，给用户展示形象最为精美的一面是引流与销售的一个关键步骤。所以微商们在将产品照片放进朋友圈里进行营销之前，还应该用修图软件进行基本的裁修，使之看起来更加精致。

例如，一位水果代理的微商利用朋友圈，发表图片与文字相结合的朋友圈软文，直观明了，色彩鲜艳，可以激发顾客的购买欲望，如 4-26 所示。

图 4-26　发布图文结合朋友圈动态示例

2．多方营销——多角度地介绍产品信息特征

商家在朋友圈营销的时候，关于产品的介绍可以从多个角度出发，除了介绍产品的主要功能之外，还可以包括以下内容，如图 4-27 所示。

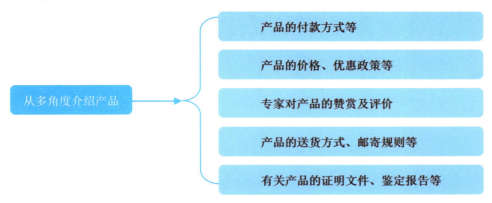

图 4-27　产品介绍从多角度出发

这样做，能够让用户对产品有综合的了解。没有人喜欢连卖家自己都不清楚的产品，而能够详细地从各个角度介绍产品，就会给人以一体化，拥有专业的销售网络的感觉，给人以信任感。

3．突显优势——通过分析突出产品优势亮点

运营者在朋友圈发布商品描述动态时，可以展示产品的型号、价格和库存等基本信息，同时还能展示商品的品牌、包装、重量、规格与产地等基本属性。

但是如果展示的信息太过杂乱，就会起到相反的效果，这个时候就可以使用强化功能撰写法，就是在微信中突显产品最大的优点。

例如，一位运营者在推广一款口红时，就选择了其中的 3 个特点，进行重点宣传，如图 4-28 所示。

这款口红的特点也许有 10 个以上，但运营者最终在朋友圈所展示的功能却不谈其他，只讲述"不粘杯、不掉色、不含铅汞"的特点进行阐述，目的性更强，优势点更突出。

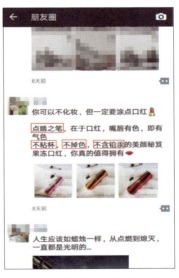

图 4-28　强化产品优势案例

4．文章篇幅——利用前 3 行来吸引用户流量

一般来说，微信朋友圈只有 6 行能直接展示文字的功能。对于软文营销而言，

虽没有字数限制，但最好是利用前3行来吸引微信用户的目光，将重点提炼出来，让人一眼就能扫到重点，这样才能使人们有继续看下去的欲望。否则发布的内容太长，就会发生"折叠"，只显示前几行的文字，而读者必须点击"全文"才能看余下的内容，所以朋友圈文字部分要精简。

如图4-29所示，运营者通过对产品特点关键字的提炼，如"酸甜可口"和"新鲜健康"等，很大程度缩减微信软文的篇幅，更加直接，让人一目了然。

5．文章评论——通过评论功能传递更多信息

如果朋友圈的内容长到没办法精简提炼，还可以利用另外一个功能，即评论功能，将更多信息传递给受众。

因为评论区域是没有折叠的，也就是说无论你发多长的评论，都会全部展现在好友面前，因此微信营销人要善于利用朋友圈的评论功能，可以用评论功能对软文进行补充说明，或者对需要强调的重点部分加以阐述。如图4-30所示，运营者通过评论的方式，对产品的性能加以补充说明。

图4-29　朋友圈内容文字简短

图4-30　用评论功能补充说明

简洁是朋友圈运营者在发布动态时要注意的一个要素，但简洁有时候也意味着能表达的内容会减少，只能有所取舍地表现产品特色。但没写上去的又很重要的，或者说忘了写上去很重要的东西，怎么办呢？重新写一篇是不可取的，这里

就可以用到评论的功能，对软文加以补充，甚至是对要点做一个鲜明的标注。

4.2.3 图片数量：九宫格照片最讨喜

在朋友圈动态的发布中，除了需要图文并茂外，还要注意，其实张贴图片同样也有一些技巧。比如，贴多少张图合适？

一般来说配图最好是一张、两张、三张、四张、六张与九张这几个数字。当然，如果可以，九张在营销过程中还是最讨喜的。

在朋友圈中九张照片会显得比较规范整齐，版式更好看，关键是说服力更强，可参考的依据更多，不像五张、七张和八张那样感觉不圆满，画面中仿佛缺了一点什么。

如图4-31所示，是两个图片都贴成九宫图的广告。

在第一条动态中，这位运营者列举了他家花店中在季的九种花束供大家选择并且购买。第二条动态则是将罐头的生产地、外观和罐头实物分别拍了照片供人参考和选择，一一对应，清晰而全面。

图4-31 贴成九宫图的动态示例

当然，贴图片可能只是细节问题，但往往就是这些细节，经常会逼死强迫症客户。毕竟缺一角的图片总会让人觉得特别难受，如图4-32所示。

图 4-32　两种非九宫图的贴图示例

当然，九张图片虽然好处很多，但是具体配多少张图还是必须以具体内容作为参考，不能为了配图而盲目配图。

一般来说，如果图片的主要内容是为了解释文本信息，那么建议图片不要配得太多，以免引起一些误会与纠漏。

但如果图片内容仅仅是为了丰富文本的可信性，图片自然是越多越好了。比如晒单、商品制作的过程与商品原产地的环境等，这时，九张配图的必要性就相当之大了。

4.2.4　突出价格：抓住价格优势，吸引客户

在营销中，运营者们必须弄清楚一个问题，那就是在商品的销售过程中，什么因素是影响商品出售的基本因素呢？其实就是价格。

价格是一般的消费者在购买物品时最常考虑的因素。所以运营者可以利用这一心理，在商品价格比较优惠或正在进行打折促销活动的时候，突出描述价格，进而吸引客户进行购买。一般突出价格有以下 3 种情况。

1．商品本身价格实惠

有一些商品在出厂之前，高层们讨论商品定位时就将它们的亮点放在了价格上面，也就是说，这些商品往往会打着"物美价廉"的标语进行宣传。

那么用户在为这些商品打广告时，必须要将重点放在价格之上，向顾客介绍它强大的性价比。

当然，宣传时可以选择编辑文本，为价格打上引号或在后面加上感叹号。由

于微信文本本身的呆板性，用图片突出效果可能会更加合适。因为在图片中，我们可以任意改变字体和文字的大小、颜色，使之被突显。

如图 4-33 所示，就是一款运营者推出的产品，它定价划算，能够利用商品价格吸引购物者的眼球。

图 4-33　某种商户产品的定价

2．有相对来说力度较大的优惠折扣

顾客对商品价格的关注会使得短期折扣变成十分抢手的活动。一般来说，折扣活动开展的时间都和节日有一定的关系。

特别的商品会针对特别的节日进行大规模的降价。比如女性护肤品可能会在三八妇女节当天展开活动。

如图 4-34 所示，就是某个护肤品打折的动态。必须注意的是，一定要将前后价格进行对比，这样才能让客户意识到折扣的力度。

折扣活动不要进行得太过频繁，不然会让顾客产生"这个东西卖不出去"的感受。但是一旦碰上活动，折扣力度最好能够大一些。

3．与同类型的产品相比价格占优势

在营销过程中，对于消费者来说，价格的高低，在是否选择购买产品时能起到很重要的作用。所以，运营者可以利用这一点，抓住价格的优势，来吸引消费者的眼球。

微商·微信·微店·朋友圈·自媒体·微营销一本通（第2版）

图 4-34　某个护肤品打折的朋友圈动态

用别人的定价来衬托自己定价的优惠性，可以吸引顾客注意，然后在心中暗自对比，最终决定购买。

甚至有人可能并不需要这个东西，但是通过对比看见了价格的优惠，也会不管三七二十一，买下再说。

4.2.5　能量传递：朋友圈多发正能量信息

在发布朋友圈动态的时候，切记不要发一些比较消极与负能量的东西。在这个繁忙的社会，工作一天的微信好友们好不容易能够抽出一点时间翻看朋友圈，肯定是希望能够有一个相对轻松和愉悦的环境。

在这种情况下，消极的情绪是不讨他人喜欢的。偶尔一两次可能也就算了，可如果次数多了，可能会引起一些人的反感，进而被人拉黑或是屏蔽。所以说，在朋友圈中，我们最好能够发布一些正能量的内容，让人觉得积极向上，感受到你的热情与温暖。

那么应该如何去让客户感受到我们的正能量呢？一般有两种模式：原创的自己的故事，从公众号中得到的美文。

下面为大家详细分析一下两种模式的具体内容。

1. 原创的内容，自己的故事

"我"最近经历了一些什么样的事情，得到了哪些感受，从中学到了什么东西，将来会如何具体地实施某个想法等内容。一般这种文章不宜过长，不然对方不愿意读下去。而且文章对语言文字功底的要求会略高，否则这种题材一不留神就容易写成鸡汤文。所以商户们平日里除了要学习营销经验，还得多多阅读与积累。

当然，除了"感受"这种相对来说比较抽象的东西，我们还可以将最近学会或是进步的某个技能编进文字里面。这样比起单纯文字上的能量来说，更能够激励到朋友圈中的好友，并且还能提高他人对你的评价与看法。

发布原创正能量朋友圈动态如图 4-35 所示。

图 4-35　原创正能量朋友圈示例

2. 从公众号中得到的美文

当然，这篇文章要是出自运营者自己企业、公司公众号的话更好，因为它除了可以为朋友圈营造正能量情绪以外，还能潜移默化地宣传自己的企业，一举两得。

转载的内容也需要注意，不要太心灵鸡汤。按照当下的趋势，内容最好能跟中国传统文化挂钩。但内容的选取也要注意不要曲高和寡，这样既能起到激励人心的作用，又能让人觉得你博学多才。

有一点需要注意，对于一些教育背景比较深厚的人来说，心灵鸡汤在他们心中几乎等同于负能量信息，惹人讨厌。如果实在要发，记得灵活运用朋友圈的限定查看功能。

转载正能量朋友圈如图 4-36 所示。

图 4-36　转载正能量文章到朋友圈示例

4.2.6　增加人情味儿：让信息成为关注的焦点

我们不能否认的是，在朋友圈里一直打广告的人确实是不太惹人喜欢的。毕竟当商户们执意要将广告植入他人私生活时，当时就应该考虑到有可能不被接受这一点。

聪明的商户在日常的营销中也会尽量融入一些更加充满人情味儿的内容，这样的商户不仅不会引人反感，甚至会让人喜欢上他的文风，期待每天看到他发的朋友圈。

所以说，多发一些有人情味儿的内容，会使得你在朋友圈好友中脱颖而出，成为朋友圈中的红人。

如何让自己的朋友圈看起来更加有人情味儿呢？方法如图 4-37 所示。

图 4-37　让朋友圈看起来更有人情味儿的方法

1. 多发一些与生活息息相关的内容

想要朋友圈中处处充斥着人情味儿，晒生活是最好的加持。同时，分享生活中的点点滴滴，也是最容易让别人与你产生互动的方法。

比如你去某个地方旅行，拍几张当地美丽的风景图，自然会有人好奇地问你这是哪个地方？值得一去吗？有什么旅游经验值得分享吗？

又或是你今天做了一道菜，把照片拍好看并且稍微修饰一下发在朋友圈里，也会有人来问，这道菜难做吗？需要哪些基本材料？做菜的步骤大概是怎样的？

有了这些关于生活的对话，一来二去就可以和朋友圈中的一些好友保持友好的关系，同样也多了一些聊天话题。

例如，下面就是一位运营者发的朋友圈动态。她利用节假日的时间和先生、孩子一起出去踏青，享受美好的家庭生活，如图 4-38 所示。

图 4-38　一位运营者的节假日朋友圈

虽然这只是一丁点儿生活的水珠，但也可以在他人心中荡起涟漪，让微信好友们感受到她与亲人在一起时的喜悦之情，引起他人的共鸣，这就是"人情味儿"。

2．在发布新商品时，开展赠送活动

在新品上架的时候，运营者可以在朋友圈开展赠送试用产品的活动。这一行为不仅可以起到宣传新商品的作用，激发微信好友们的热情，聚集人气，还能显现出用户的人情味儿来。

如图4-39所示，正是免费赠送商品的朋友圈。

图4-39 免费赠送商品的朋友圈

当然，赠送东西也是有限额的，一般可以采取"点赞"的方式，取前十或者二十名，这样相对来说比较公正透明。

3．将微信好友们当作亲人对待

从营销角度来说，增加朋友圈的人情味儿可能不能对销售起到直接推动的作用。可是心急吃不了热豆腐，成功的营销不可能一蹴而就，任何细节上的铺垫都不应该被忽视。其实，能够和微信里众多好友中的70%建立一个相对来说友好而互相尊重的关系，离成功的营销就不远了。

4.2.7 明星效应：带动人群，引起粉丝关注

现在的中国，粉丝文化已经发展得十分完善了。由此，聪明的企业高层会选

择一些知名艺人代言公司产品,这种做法能够帮助他们收获很丰厚的利润。

明星效应已经对我们的生活产生重大影响,电视里明星代言的广告对我们会产生潜移默化的作用,这些作用如图4-40所示。

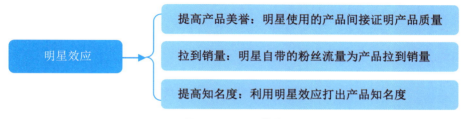

图4-40 明星效应

一般来说,投资与收获是成正比的。企业越肯出钱请当红的艺人,能够获得的回报越丰厚。

下面为大家详细解释一下明星代言的3个作用。

1. 提升产品格调

一个有水平的明星,往往能够带动整个产品的格调。而在现在这个人们文化水平越来越高的社会,购买者对"格调"这个词是非常看重的。

2. 明星自带粉丝效应

除了普通群众,该明星的粉丝绝对会买企业的账。他们不仅自己买,还会拉动身边的人一起购买这个品牌的商品。一传十、十传百,慢慢地,购买此商品的群众就会越来越多。

3. 提高品牌知名度

当然,明星身上自带的光环也能够影响到品牌,通过"某某品牌"代言人的头衔能够帮助品牌提高知名度。

所以,运营者决不能放过明星效应,这种效应可以带动人群,特别是容易引起粉丝们的强烈关注。

4.2.8 巧妙晒单:激发客户心动最强的手段

商户们在微信朋友圈进行营销的过程中,除了需要发布产品的图片和基本信息,为了让顾客信任,也可以晒一些成功的交易单或者快递单。

但是有两个问题在晒单过程中必须要引起我们的注意,具体说明如下。

1. 在晒单的过程中要适度

微信好友们对一味地刷屏是十分抗拒的，因为毕竟微信朋友圈是私人社交场所。但正如我们所了解的，晒单其实是非常有必要的，微信好友们看到大量的成交量也会对产品本身产生好奇心。

从营销的角度来说，适度地晒一些交易单之类的东西，是可以刺激消费的。那么晒交易单究竟有些什么好处呢？具体如图4-41所示。

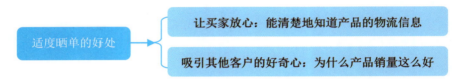

图4-41 适度晒单的好处

2. 单据必须真实，不能造假

这意味着我们所有能够透露给微信好友们看的信息必须真实，以诚信为本。

一般来说，晒单的主要内容大概都是快递信息，其中包含对方的地址、手机号，也包括快递信息，比如单号等。

晒单可以让买家了解包裹的动向，也能体现出卖家对商品的上心，为以后的合作打下良好的基础。

下面以微信朋友圈发走单广告为例，以图文并茂的方式进行一款食品的营销推广，这样能吸引一部分消费者前来光顾，如图4-42所示。

 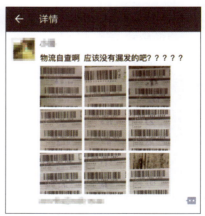

图4-42 走单信息和物流单号展示

一般来说，在一张照片中，商家可以放上几个快递单并且将它们叠加起来再照相，同时卖家应该尽量将照片凑成九张，并且强调，这是一天或是两天的销量。这样就会让其他客户觉得，这家店的商品是真的特别受欢迎，自己也想尝试用一下，可以在某种程度上提高销量。

4.2.9 晒好评：用事实说话，最有价值的广告

一般来说，提到"好评"，我们立马就会想到淘宝。淘宝购物平台上有一种特别的评价方式，叫作"淘宝卖家信用等级"。

每个买家在与卖家结束一份生意之后，可以给卖家打分，五分为满分。这个分数包括了商品本身是否符合商家描述、店家的服务态度与物流信息等。

设计"信用等级"这种评价平台，其实是为了给第三方客户一个基本的参考。所以为了在最短的时间内得到相对来说比较高的等级，自然需要更多的满分。而级别越高，用户就会更加相信这家店铺，购买的人自然就越多。以致到后来，好评究竟可不可信已经没有人在意了，大家的重点都是有没有这个所谓的"好评"。

朋友圈运营者在营销过程中，也可以吸取淘宝的经验，将"好评"潜移默化成客观存在的评价标准，使客户们能够相信"好评"。

可是淘宝和微信还是有区别的。

淘宝是公共的线上店铺，客户对它的评价是透明公开的，点进店铺就可以看见。可是微信不同，微信毕竟是一个相对来说隐私感比较重的私人社交平台。所以，客户给的"好评"，商户们都应该发到朋友圈里，让所有微信好友都能够看到。

一方面来说，晒好评本来就是一次打广告的机会。它利用截图或者是一切描述性的语言，来阐述某个品牌、某个商品的信息。其次，它可以带来关于某种商品好的评价，让看见这条信息的人了解这个商品的好处、该商品为什么被人们所喜欢。

如图 4-43 所示为两组微信对话形式的好评，微商们可以将这些好评信息通过截图的方式存入手机照片库，然后再发表到朋友圈。

晒好评和一般的广告不同，因为它不是自说自话，自卖自夸。它将主动权交到了客户手中，商户自己变成了第三方，不干涉商品与买家之间的直接接触。这样得来的好的评价，价值要远远大于商户自己的吹嘘与赞扬。

当然，除了坐在家中等着好评到来以外，商户们还应该主动出击，去利用一些小的活动，比如打折、送礼物等方式，去鼓励客户写评价。

图 4-43　微信对话好评截图

除了直接的好评以外，作为卖家也可以加强售后，通过长期的跟踪询问来得出关于商品评价的信息。

4.3　朋友圈引流 6 种具体方法，让引流不再困难

流量大是销售量高的前提，因此朋友圈运营者也常常为如何引流的事大伤脑筋，本节就为大家讲述朋友圈引流的具体方法，解决引流这个"老大难"问题。

4.3.1　在朋友圈开展活动引流

在朋友圈开展活动引流，是运营者最常见的手段。但是某些运营者操作过程中显得太过精明，比如说添加好友便送小礼品，但等到别人加了好友，却被告知礼品已送完。这种骗人的把戏用多了之后，人们就开始怀疑这些活动的真实性了。

因此，在朋友圈开展活动，一定要言出必行，不要让朋友们对运营者的信任产生怀疑。例如，可以在朋友圈发布动态，说推荐 15 名女性好友添加我微信，备注信息为某某推荐，满 15 名就免费赠送产品一份，邮费 10 块自己承担，离得

近可自取不需邮费，活动时间即日起某日止。

这种操作是非常可行的。有人曾经3天时间加了近了五百人，送出十几份礼品。这位运营者选择的是一款防水相机，看起来价值很高，所以引起了很多人参与。

这个时候运营者是不是要考虑成本问题了？其实这款防水相机成本很低，在阿里巴巴上的价格是10元左右一台，邮费自理，算下来几毛钱一个的好友，划不划算自己考虑。如图4-44所示，为阿里巴巴上礼品相机的价格，而且支持量大优惠与一件代发服务。

图4-44　礼品相机价格示例

在朋友圈策划活动要注意几个方面，才能达到很好的效果，具体分析如下。

1．活动要真实

在朋友圈做活动一定要真实，说送就送。在网络社交上的信任度要时刻维持，哪怕活动后期确实出现礼品送完的情况，也一定要用其他的礼品进行替代和弥补。

在发布的动态中也要强调活动的真实性。信任是需要累积的，运营者每次都能做到说一不二，久而久之，就能取得别人的信任，活动的效果也就越好。

2．活动礼品的选择

上面那位运营者选择的是一款防水型相机，因为在夏天即将来临时，游泳总会成为很多人喜爱的活动，而一款能防水的相机正是他们所需要的。

所以，选择活动礼品一定要是对方所需求的。如果选择送一支普通的铅笔，那么可以预见活动的失败是必然的。

3．活动的难度设定

运营者在设定活动难度的时候要深思熟虑，不能太容易，否则成本会增加很多。而如果太难，可能参与的人数会减少，因此选择难度适中的活动是很有必要的。

上面的运营者选择的是"推荐15个女性好友"，这种难度可以让人接受，又不是很容易，因为毕竟要求是女性。

在朋友圈开展这样的活动，很可能新添加的好友也同样被活动所吸引，主动参与到其中来，产生裂变效应。

4.3.2 在朋友圈开展变相活动引流

变相活动引流的本质还是活动引流，但它发布的形式不是以活动来发起的。在百度贴吧，就有人用过这种变相活动的引流方式。运营者在贴吧发布一条为泰迪宝宝找新主人的帖子，如图4-45所示。

图4-45 变相活动引流示例

那么这个运营者的成绩是怎样的呢？他在13天内两个微信号共添加了近八千个好友，分别是3700多和4200多。

也许有人就说，泰迪多贵啊，不划算。其实这就是变相活动引流的精髓了。泰迪只是个引子，只是用来吸引用户来添加好友的。当然运营者也不能对这些新添加的好友只是简单地解释说"泰迪已经送出去了，谢谢你的关心"等一些推脱的话，要主动地赠送一些小礼品，维持这些关系。

朋友圈变相活动引流也同样是这个道理，引子可以根据运营者产品定位来选择，比如说运营者是经营与宠物相关的产品，就可以选择宠物作为引子；因为宠物对于女性的吸引力很大，经营女性产品的运营者也可以使用宠物作为引子。宠物不一定很贵重，但一定是非常可爱的那种。

例如，下面就是在朋友圈开展变相活动引流的示例，如图4-46所示。

图4-46　朋友圈变相活动引流示例

在朋友圈开展变相活动引流，记得要提醒朋友帮忙转发，文字要写得情真意切，配图要尽量美观，力求能一下子俘获读者的心。

4.3.3　在朋友圈发布招聘信息引流

在朋友圈发布招聘信息引流，有两个好处：第一可以拓展渠道，增加自己的销量；第二就是引流，让更多的人注意到自己。这里主要讲述引流方面的好处。

在朋友圈发布招聘信息，能给人一种运营者经营得很好的印象。例如，可以这样来发布动态："招助理若干，全职兼职皆可；年龄不限，性别不限，学历不限，工作地点和时间自行安排；薪资取底薪＋提成制，售出60件底薪为3000元，售出100件底薪为5000元，售出150件底薪为8000元，每增加50件底薪增加3000元，要求价格必须统一，提成计算为超出部分每件20元，月售低于60件则没有底薪只有提成，为30元每件；有意者可以添加微信私聊，该信息长期有效，朋友们帮忙转发朋友圈或群发给好友，截图私信我另有优惠。"

像这样的招聘信息是非常吸引人的，它意味着挣钱没有风险，只需动动手指就能赚取提成，何乐而不为呢？

另外，在招聘信息中要记得提醒好友转发，帮忙扩散，让信息的传播范围更广，使得引流的效果更好。

4.3.4 在朋友圈发布免费资源引流

免费的东西总是让人心动，在什么都要钱的时代，如果在朋友圈发布一些免费资源让好友使用，无疑会受到很多人的关注。

运营者可以选择的方向很多。例如，如果经营的是与书籍有关的，运营者就可以在朋友圈提供一些免费试读的章节，也可以提供一些网站的书券，还可以在购物平台买一些百度文库的下载券，免费提供给他们使用。虽说是免费，但同样是需要条件的，如推荐好友或是转发到朋友圈，运营者可自行斟酌。

例如，有运营者在朋友圈提供免费临时会员供好友使用，来为自己获得好友资源，如图4-47所示。

在朋友圈提供免费临时会员资源，最好在时间上有规律。现在很多视频网站都提供了会员专享的视频资源，所以这样的资源是很受人欢迎的。

另外，提供三天临时会员的方式不如只提供一天的好。这种细节方面的问题，运营者自己要根据情况处理，如推荐多少好友才提供资源。

图4-47 朋友圈提供免费资源引流示例

4.3.5 在朋友圈发布红包群信息引流

在朋友圈发布红包群信息引流，首先需要创建一个红包群，并说明群人员满多少就开始发红包；再拉几个好友帮忙活跃气氛，编辑群公告内容，编辑群聊名称，与这个群的目的对应就行。

如图4-48所示，为群公告和群聊名称的编辑入口，以及编辑群公告的示例。

另外，运营者还需在"群二维码"处提取群二维码，因为在朋友圈发布动态时要用到，如图4-49所示。

准备工作做好之后，就可以在朋友圈发布动态了。在动态中，只需要将红包群的信息推出去就行了。

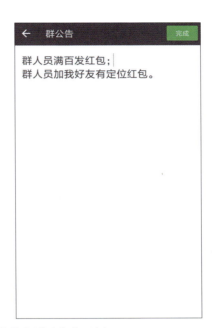

图 4-48 编辑群公告和群聊名称示例

图 4-49 提取群二维码

运营者要记得，开展红包引流共有两个关键点：第一，对加群的人宣传达到多少人数开始发红包，这样他们就会去拉好友增加群人数；第二，宣传添加好友或者转发朋友圈截图有定向红包,这样能增加好友数和使群信息得到更大的曝光率。

如图4-50所示为朋友圈发布红包群信息引流的示例。

也许有运营者担心成本问题。其实很多人喜欢玩红包游戏就是图个好玩,所以红包金额不需要很大,定向红包发个几毛钱就可以了。

在操作过程中,记得不要冷场;有新人加入就提醒他看看群公告,或者直接把公告发到群里;如果有人等不到约定人数就开始退群,那么可以在人数未满时陆续发些小红包活跃气氛。

4.3.6　在朋友圈开展互动式游戏引流

好玩的游戏从来都不缺参与人员,在朋友圈也可开展互动式游戏,从而获取流量。运营者可以在网上搜寻一些互动性强又有趣的游戏,稍微修改一下在朋友圈进行。比如,猜谜、看图猜成语、脑筋急转弯与成语接龙之类,有趣味、不俗套,会吸引其他人参与进去。

如图4-51所示,为某运营者在朋友圈发起的"我画你猜"游戏,运营者在动态中发布了8张成品图片和一张二维码图片,让答出题的用户添加好友领取奖品,也为想知道答案的用户提供一个咨询的渠道。

在朋友圈开展互动型游戏,同样要引导好友进行转发,因为只有这样才能让发布的动态突破自己的微信社交圈子,获得更大的流量。

图4-50　在朋友圈发布红包群信息引流示例

图4-51　在朋友圈开展互动游戏引流示例

第 5 章
自媒体实现名利双收

学前提示

当社会信息化进入移动智能时代,信息的发布越来越简易化、平民化和自由化,每个人都可以成为信息的传播者,自媒体便应运而生。

本章主要向读者介绍自媒体与自明星如何定位风格、如何打造爆文和如何经营品牌,从而让运营者能够得到巨额的流量,实现名利双收。

- 自媒体风格定位,引流效果更精确
- 打造自媒体爆文,让流量源源不断
- 从自媒体到自明星,如何暴增粉丝
- 科学运作自明星,打造经久个人品牌

5.1 自媒体风格定位，引流效果更精准

风格是一种标签，能够展现出自己独特的姿态，有效地吸引他人眼球，吸引用户流量；风格也是一种态度，能无声地表达出自己的立场，获得他人信任。

本节主要向读者介绍如何学好风格定位这门必修课，并利用风格打造出自媒体的醒目招牌，为引流提供良好条件。

5.1.1 自媒体风格定位，为引流开通渠道

风格定位在最初经营自媒体的时候就是一项硬性要求，目的是在做自媒体的时候，能准确定位自己的目标客户群，定位自己的写作内容和范围。

下面将带读者了解自媒体的风格定位，并详细介绍自媒体风格定位的要求和如何打造自媒体的风格标签，让风格保证自媒体发展的方向。

1．风格是自媒体的定位基础

风格既是一种形象上的外在表现，又是一种内容上的风度气质，既需要审美的发掘，又需要文化的沉淀；既是一种形式，又是一种态度。

风格是一种由内至外的魅力，是吸引粉丝的聚焦点。这种魅力不仅表现在形式或者内容上，也表现在态度和风度上。

下面以图解的形式表现自媒体风格魅力对于引流的4大作用，如图5-1所示。

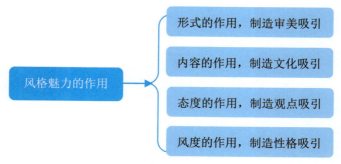

图 5-1 风格魅力的 4 大作用

定位自媒体风格时，即使是跨界经营，也必须保证一个账号一个风格。然而作为自媒体高手，需要打破在新手时形成的风格，即只由内容决定的观念。自媒体的风格不只体现在内容上，形式、态度、风度都能够吸引人、影响人。由于读者的水平和喜好不同，有人重在审美，有人重在文化，有人重在观点，有人重在

个性，只要把账号的风格经营好，就会得到关注。

如图 5-2 所示，为两个个人公众号的部分内容，文章主题与公众号风格的调性基本统一。

图 5-2　个人公众号文章展示风格

2．风格是自媒体的标签

从外在表现形式上来说，风格就好比是一件外衣，能够给人十分鲜明的第一印象，第一眼就能吸引到目标受众的关注，勾起他们的兴趣。

从外在形式入手，是打造自媒体风格标签的第一步。下面以图解的形式为读者分析在表现形式上打造自媒体风格标签的作用，如图 5-3 所示。

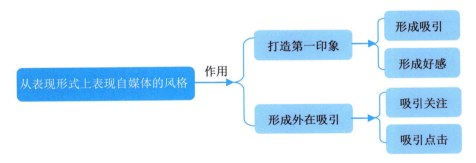

图 5-3　在表现形式上打造自媒体风格标签的作用

第一印象的好坏在人的大脑中形成的信息,可以直接影响到对方将来的活动,甚至无法通过之后的努力实现逆转,所以第一印象打造的成败至关重要,尤其在这个心气都有点浮躁的社会,人们只愿意对第一眼感兴趣的东西多看几分钟。

因此,在经营自媒体的时候,无论文章内容有多么才华横溢、高端大气,只要形式上让人不满意,就会被定义为品位低,之后只怕就更没有兴趣打开看了。

从内在品质和内容来说,风格就是一种态度和一种立场,能表现出自媒体经营者的文化品位和风度修养,当读者被自媒体内容中表现出来的智慧和风度所吸引的时候,就真正和自媒体经营者成了精神上的朋友。

从内在品质和内容上入手,是打造自媒体风格标签与引流的第二步,也是自媒体升华的第一步。

下面以图解的形式分析在品质、内容上打造自媒体风格标签的作用,如图 5-4 所示。

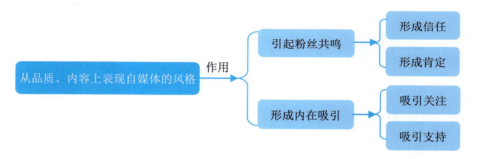

图 5-4　在品质、内容上打造自媒体风格标签的作用

自媒体经营者打造自己账号的时候,最好的状态是像女人重视自己的外貌一样,要为粉丝悦而容。现在网络上流行一句话:"男人看女人都是先看容貌后看思想",这句话说出了表现形式的重要性;但还有后半句:"思想决定容貌加分还是减分",又说明人们对思想的追求是重于容貌的。

思想的形成是一段长时间的积累,形式上的修饰只需要短时间的学习,所以不要把在形式学习上花的功夫比在思想文化积累上花的功夫还要多,形式只是一块踏脚石,内容才是王道。

3. 风格是自媒体的方向

方向感的把握决定着自媒体的经营能否到达成功的彼岸,也决定着自媒体经营者能否在市场压力中始终坚持自己的目标,坚定自己的原则,做有态度、有立场、有自我、有追求的自媒体。

自媒体市场秩序混乱的一大原因就是内容原创能力后继无力，抄袭泛滥。然而抄袭的一大原因可以看作是个人风格意识不强，没有自己强烈的个性意识、品质意识和坚定的自我态度与自我价值追求，因此不能在市场竞争中坚持健康竞争原则和明确的发展方向。

一个有自己风格的人必然是有自己的原则和追求的人，一个有明确的风格的自媒体也必然是有坚定的方向的自媒体。

例如，公众号"手机摄影构图大全"在开篇就对自己的坚持明确地表现出来了，很大程度地向读者展现了运营者的态度，如图5-5所示。

图 5-5　风格就是自媒体的方向示例

有目标才有方向，有目标才能坚持，对于运营者的这种坚持的精神，读者往往会有所触动，形成好感。

5.1.2　打造醒目招牌，点亮引流明灯

风格是原则的表现，风格是态度的表现，风格是价值追求的表现，粉丝们从来都不会追随没有自我风格只会跟风的自媒体，有风格的自媒体最容易得到用户的肯定和支持，所以说风格是自媒体最醒目的招牌。

下面将主要向读者介绍如何打造自媒体风格的个性、特色以及如何主动吸引目标流量的方法。

1．打造自媒体的个性风格

自媒体的个性风格，其实就是一种自我话语能力，能够让读者在文章的字里行间读到一种有自我色彩的个性。下面以图解的形式为读者介绍打造自媒体个性风格的方法，如图5-6所示。

修炼自我话语能力是一件很重要的事。在刷微博和刷朋友圈的时候，经常产生的情绪就是：看到有人经常发一些特别优美特别有格调的动态，就觉得这个人好有文采、好有个性、好有深度，充满了欣赏敬佩之情；之后再从别人的朋友圈里看到一模一样的，才发现都是从琼瑶、三毛、张爱玲、席慕容的书里抄过来的，顿时印象就来了个大反转，觉得这种人装、没才华、没主见。所以对于自媒体人来说，不要动不动满口名言警句，粉丝们喜欢原创、个性的。

图 5-6 打造自媒体个性风格的方法

著名自媒体公众号"视觉志",就一直坚持发布原创的自己的东西,受到用户的喜爱,每篇文章都拥有很好的阅读量和点赞量,如图 5-7 所示。

图 5-7 有自己风格的自媒体文章示例

修炼自我话语能力也不是一件容易的事情,毕竟不是每一个人都能像琼瑶、三毛、张爱玲和席慕容那样,用细腻的感情或跌宕的人生经历融合成出色的文笔,但是可以把她们当作学习借鉴的模范。

自媒体的原创内容已经获得了版权保护,不论是从道德上还是从法律上,抄袭都是一件不光彩的事情,甚至要受到问责。但也不要把避免抄袭和侵权的神经绷得太紧,纵观华夏上下五千年的文明发展,文化作品的精神都是一路沿袭再重新包装的,所以对前人优秀作品的借鉴与模仿是没有坏处的。

2. 打造自媒体的特色风格

自媒体时代是一个众说纷纭的时代,每一个人都想表达点什么,实行自己的话语权。然而正如上面提到的一样,争着抢着实现话语权的人可能话语能力不够,便使得自媒体上多了很多聒噪的鸡肋之言,呜呜泱泱,甚至淹没了许多真正有内容、有态度的自媒体的声音。面对这样的境况,优秀的自媒体最应该做的就是打出重围，高调让群众看到自己的特色。

下面以图解的形式介绍打造自媒体特色风格的方法，如图5-8所示。

图5-8　打造自媒体特色风格的方法

敢于高调，敢于宣扬自己的态度和价值观，敢于做正直而又特立独行的自媒体，必然能够在聒噪的舆论环境中脱颖而出，得到人们的欣赏，所以高调就是一种特色。

3．打造吸引受众目标的风格

前面曾提到，经营者打造自媒体风格，是用准确定位内容像磁石一样吸引受众目标关注，而吸引受众流量是自媒体打造风格、个性与特色的始终目标。

现在将向读者介绍如何从内容到形式、从思想到气质全面化打造吸引受众目标的风格的方法，如图5-9所示。

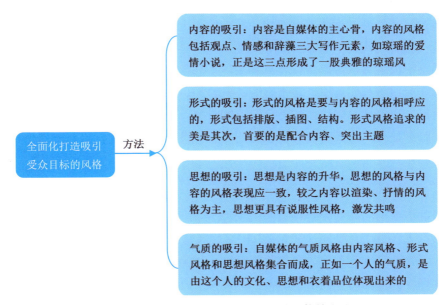

图5-9　全面化打造吸引受众目标的风格的方法

自媒体从内容到形式、从思想到气质的风格全面化表现，其实就是自媒体人本身文化修养、思想价值、审美品位和气质涵养的表现，自媒体风格是具有人格化的。

5.1.3 营造自媒体品牌，搭建粉丝聚集部落

风格是一种态度，是一种个性，是一种价值观的体现，而自媒体品牌是一种无形的资产，是一种信誉和利益的集合概念，品牌还是一种价值和文化的体现。有品牌才具有凝聚力，关注自媒体的粉丝才有主心骨和荣誉感。

之所以说风格是自媒体品牌塑造的基奠，是因为一个自媒体的经营者只有向用户表明自媒体的态度，才能塑造在用户中的品牌信誉；只有让自媒体的价值观得到用户的承认，才能在操作经营中实现自媒体的品牌价值；只有让自媒体的个性变得丰满，才能形成自媒体的品牌文化，从而让用户获得归属感。

品牌具有价值，这是毋庸置疑的，主要可分为两个方面。

1．外部价值带来直接利益

品牌的外部价值由市场的接受度决定，它能抢占市场份额，使自媒体获得市场盈利；品牌的外部价值由市场接受度决定，市场接受度的核心是用户，只有品牌得到用户的认可和支持，品牌才能够产生市场价值，真正获得实质的利益价值。

经营品牌的外部价值，获得用户认可的4大要素包括品牌的时尚性、品牌的创新性、品牌的代表性与品牌的实用性。

品牌价值的外部价值重在将品牌变现，获得实际的、能够直接用于市场活动中周转和流通的利益价值，是带有经济目的的。

所以，在实现品牌价值的外部价值的时候，要充分考察市场动向，考虑用户需求，时刻记得只有被市场高度接受的品牌才具有经济价值，只有被用户高度认可的品牌才具有市场价值。

2．内部价值创造粉丝价值

内部价值由品牌文化对顾客的影响力决定，它的作用是塑造品牌形象，让自媒体获得忠实粉丝。在这一点上可以用名牌服装的经营来举例。如香奈儿、迪奥、古驰、纪梵希等世界著名的奢侈服装品牌。作为世界享誉的奢侈品牌，从品牌价值的外部价值来说，一条小小的丝巾都价值上万元，在市场中的份额是不高的，但并不影响市场对这些品牌的认可度，这就是这些品牌的文化影响力了。

品牌能给人一种身份的认同感，或高贵，或性感，或优雅，在消费者心里形成一种价值和理念的追求。文化影响力能够塑造品牌形象、打造忠实粉丝。

例如，湖南卫视推出的《声临其境》获得不错的反响，同时也带火了一批艺人，而"凯叔"就是其中的一个受益者。由于他的成名，他旗下的品牌APP也是大火特火，获得了海量的粉丝与关注，如图5-10所示。

在品牌价值的内部价值打造中，不论是塑造品牌形象还是打造忠实粉丝，都需要非常好的品牌的代言人。这里说的品牌代言人不是广告明星，而是品牌针对人群中的权威人物。就像一个经济型的品牌自媒体，如果有李嘉诚、王健林、马云这样的粉丝，那么这个品牌的身份立马就有提升，粉丝也会蜂拥而至。

图5-10　品牌带来海量粉丝示例

5.2　打造自媒体爆文，让流量源源不断

优质的内容是自媒体经营的王牌，不论是自媒体经营者还是自媒体达人，都要怀着新手的谨慎与虔诚来经营自媒体的内容。

自媒体的内容创作是自媒体经营的重头戏，只有内容足够优秀，才能抢占"头条"获得阅读量和粉丝关注，继而在整个自媒体行业中崭露头角，获得广告商和投资者的赏识，得到商业投放和商业融资，实现自媒体的企业化。

本节将向读者介绍自媒体内容创作方面的技巧，让自媒体引流水到渠成。

5.2.1　文字分段，整齐明了

自媒体文章的分段第一原则就是工整，下面以图解的形式向读者介绍工整的文字分段的标准，如图5-11所示。

例如，简书平台自媒体达人、号称"简书一哥"的彭小六，他发布的文章都是分段清楚、结构清晰，让读者拥有很不错的阅读体验，如图5-12所示。

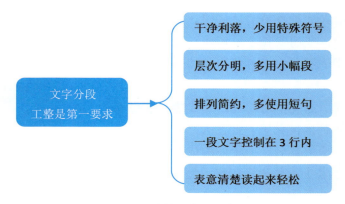

图 5-11　工整的文字分段的标准

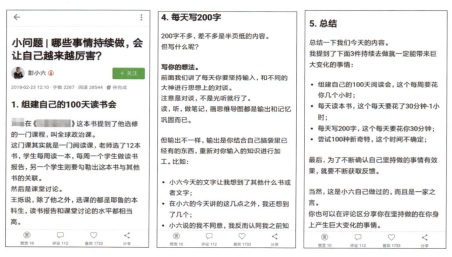

图 5-12　分段工整的文章示例

5.2.2　感性理性，差异分配

　　人们对事物的认识都是由感官再到思维，因此自媒体运营者在进行文字写作的时候也要遵循这样一个顺序原则，首先要从感性入手，要让文字具有人情味儿，才能让读者容易接受，进而让文字进入读者的内心世界，触动读者的内心，让他们觉得有同感，能有效地吸引他们的关注。

　　下面以图解的形式介绍如何制作出能触动人的文字内容，如图 5-13 所示。

　　能触动人的文字，除了营造文字的感染力，还要加强文字的说服力。

图 5-13　制作能触动人的文字的方法

文字的感染力能影响人的情绪，拉近与读者的心灵距离，以情感的角度吸引读者；文字的说服力能影响人的思维，拉近与读者的思想距离，以强大的思维分析能力使读者认同，得到他们的关注。文字的说服力重在逻辑性。

打造文字组合的逻辑性，要做到语言流畅、表达有条理、便于理解、语句通顺、叙事有重点以及易于掌握。

在生活中，人们对事物的认识都是先由感官再到思维，先由感性再到理性的一个顺序。因此运营者在进行写作的时候也要遵循这样一个顺序原则，先激发读者的感性情绪，再进行逻辑说理。

但要注意的是，文字中感性和理性的运用比例存在一定的差异。下面以图解的形式介绍文字写作中感性和理性运用的比例差异，如图 5-14 所示。

图 5-14　文字写作中感性和理性运用的比例差异

文字的人情味儿和感染力是属于感性层面的，文字的逻辑性和说服力是属于理性层面的，感性的文字能够触动人的心灵，理性的文字能够触动人的思想。

因此，运营者在文字写作当中，应当做到感性和理性兼备，才能让读者感受到作者的情怀，自觉对作者产生亲切感和认同感，从而对运营者进行关注。

5.2.3　精美图片，引人注目

人们在紧张的日常生活中，对长篇文字的阅读越来越没有耐心，为了适应读者需要，不仅自媒体的制作，就连纸质媒体也都把重心放在了图片上。

下面以图解的形式介绍制作精美图片的作用，如图 5-15 所示。

在当今社会，人们的阅读需求进入了轻阅读时代，除了一些做文献研究或者自己本身就是文字作家的人，在图片阅读和纯文字阅读的选择中，多数人都会毫不犹豫地选择前者。

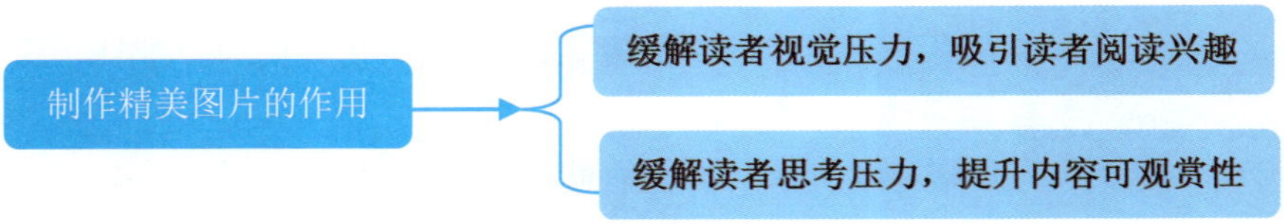

```
                              ┌─ 缓解读者视觉压力，吸引读者阅读兴趣
制作精美图片的作用 ──┤
                              └─ 缓解读者思考压力，提升内容可观赏性
```

图 5-15　制作精美图片的作用

受众的喜好决定市场的走向，聪明的自媒体经营者当然会选择顺势而为，朝着有利的市场方向改变自己的经营方式。至于那些坚持做文字的自媒体人，也不能断定他们的发展一定不好，能成功的只是一定是小部分人。

图片阅读的好处，在于内容的表现更形式化、表面化，能够降低读者的理解难度。科学家在对人的记忆的调查研究中就曾指出，人的记忆往往对图像和色彩印象更深刻，这也是为什么人们经常会产生对一个东西很熟悉但就是叫不出名字的感觉。

软文图片展示的轻阅读模式不仅能够方便读者的阅读和思考，对自媒体经营者的写作与编辑来说，也是一件不需要费多大力气就能讨好读者的事，它既能够在文字的雕琢上少费些功夫，又能加深对读者的影响力，还能够在无形中扩大运营者软文营销的传播范围。

5.2.4　精简篇幅，保证耐心

据科学计算，中等阅读速度的人在 3 分钟内可以阅读完一千字左右的内容。由此可见，这个 3 分钟以内阅读时间的要求，是在节省读者阅读时间的角度上。

精简的文章篇幅有助于读者养成碎片化阅读的习惯，使读者在阅读的时候没有压力，不容易产生视觉疲劳，能够保持阅读的兴趣，从而有时间看更多内容。

为读者考虑，打造读者的视觉体验是非常有必要的。冗长的文字让很多读者望而生畏，绕道而行；而打开文章的一部分读者，往往坚持不到最后，看到一半便放弃，在此后看到该运营者的文章便直接略过，这不利于自媒体更好地发展。

而为读者考虑的自媒体更能受到读者们的青睐，篇幅精简不完全等于篇幅短，因为精简是把精华部分浓缩，所以在发布之前就应该仔细检查文章中有没有废话。

5.2.5　恰当留白，张弛有度

在文章中留白能够让读者感受到文章排版的意境美和艺术美，从而产生一种视觉上的愉悦感。

下面以图解的形式向读者介绍图片与文字之间的 3 种留白方式，如图 5-16 所示。

```
                        ┌─────────────────────────────────────┐
                        │ 文字与文字间留白，减少阅读压力       │
                        └─────────────────────────────────────┘
┌──────────────────┐    ┌─────────────────────────────────────────┐
│ 留白大致分为3种方式 │────│ 文字与图片间留白，打造张弛有度的版面效果 │
└──────────────────┘    └─────────────────────────────────────────┘
                        ┌─────────────────────────────────────┐
                        │ 图片与图片间留白，显得层次分明，更有意境 │
                        └─────────────────────────────────────┘
```

图 5-16　图片与文字间的 3 种留白方式

如图 5-17 所示，为公众号"手机摄影构图大全"一篇文章的留白展示。

图 5-17　文章留白示例

5.2.6　音频吸引，快捷方便

和文字相比，音频更有优势，因为音频不需要一字一字地紧盯着看，就像听音乐一样。做音频自媒体，最好参考"罗辑思维"每天早上发出的 60 秒语音。下面告诉大家一些关于音频制作需要注意的事项。

- 从音频的时长来说：最好不要超过 3 分钟，否则会挑战听众的耐心。
- 从音频的内容来说：必须要让听众听到有价值的东西，或是能逗乐，或是能启发。做音频一定要宁缺毋滥，不要拿自媒体的声誉和形象去挑战听众的容忍底线。
- 从音频的感觉来说：首先要从听众的感受出发，考虑自媒体的音频要给听众营造一种什么样的感受。

- 从音频感觉的制作上来说：给听众听觉上的享受和心灵上的触动是两大主要标准，然而在这两大标准之上，还要根据听众个人喜好作细化分类。
- 从音频自媒体的讲说方式上来说：最重要的是能够做到风格吸引人，要做到话题内容和语言表达都吸引人。

另外，听众对音频的感受和喜好也会因时间、环境、心情而变。下面以图解的形式向读者介绍不同的时间段内，听众因环境和心情对音频自媒体的需求的改变，如图 5-18 所示。

不同时间段内听众的喜好

- 上午时间段：上午时间段气候、环境最佳，听众的情绪也是最好的，这时候轻柔舒缓型或直来直去型最受欢迎
- 下午时间段：下午时间段是听众最疲惫的时候，最需要打气加油，这时候激情澎湃型最适合唤起听众的工作斗志
- 夜晚时间段：夜晚时间段是上午和下午的集合体，听众们既轻松又疲惫，选择温和型还是热烈型全凭个人安排

图 5-18 不同时间段内听众对音频的不同需求

例如，"人民日报"公众号推出"夜读"专题，就采用了"语音＋文字"的形式推送文章，向广大网友传播正能量，受到了网友的喜爱，如图 5-19 所示。

图 5-19 利用音频吸引读者示例

5.2.7 新鲜题材，勾人眼球

人们看自媒体内容的时候，希望能够像看新闻一样，耳朵听到的都是最热的、眼睛看到的也是最新最热的。如明星八卦、重大赛事、社会热点、国际形势与节日活动等，都能吸引广大网友的注意。

如图 5-20 所示，这些新鲜事每天都吸引着读者的眼球、刺激着读者的神经。

实时热点			
排名	关键词	查看详情	搜索指数
1	新一线城市排行榜 新!		448771 ↑
2	巴黎世家 道歉		281459 ↓
3	借3万要还800万		266869 ↓
4	阿里投资人离职 新!		257163 ↓
5	央行严批支付乱象 新!		249964 ↓

图 5-20 实时热点题材示例

有时候运营者还可以通过把旧话题换上一个新外衣重新推出来。例如，在之前很火的 A4 腰、反手摸肚脐这些风靡网络的名称，就是小蛮腰与秀身材的另一种说法。

5.2.8 社会内容，反映生活

社会内容主要以社会群众的日常生活事件为出发点，从而反映整个社会的问题和风貌，最终社会内容还是以服务人民群众为落脚点。

读者对社会内容阅读的需要，其实就是读者本身的社会需求，主要表现在 3 个方面，如图 5-21 所示。

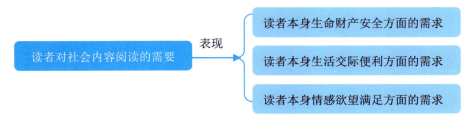

图 5-21 读者对贴合社会内容的需要表现

明白了读者的需求，就能够有针对性地推送相关文章，可以从生命安全事故、盗窃抢劫事件、交通出行提示、家庭情感纠纷、教学教育问题、留守儿童问题以及医患纠纷问题等社会现象来撰写文章，获得他们的关注。

5.2.9 阅读价值，加强信任

自媒体创作的题材再新鲜，内容再贴合社会实际、贴合群众生活，也要注意一个核心原则，就是阅读价值。自媒体有阅读价值，才是读者支持与追随的关键。

自媒体内容的阅读价值打造，是能够以价值信息增加读者黏度，更大的作用表现为与读者之间建立信任和友谊关系。与读者建立信任和友谊可分为以下两个方面。

1．与读者建立信任

运营者通过发布讲述自身经验的内容，或者撰写专长领域的内容，让读者有受益匪浅的感受，从而使得读者对运营者产生信任。

2．与读者建立友谊

运营者通过向读者提供很好的想法和建议，或者耐心地解答读者的问题和疑惑，让读者感觉到运营者的善意，从而建立起两者之间的友谊。

如图 5-22 所示，为今日头条自媒体"养花大全"发布的一篇文章，文中主要讲述花卉如何进行扦插嫁接的方法，获得了广大网友的好评，让他们觉得阅读这篇文章有很大的收获，从而对自媒体好感大增。

图 5-22　为读者提供有价值的文章示例

5.2.10 网络风格，通俗易懂

做自媒体不是做学术报告，即使是专业化、需要深入探讨的内容，也要尽量做得通俗化、浅显化，因为不论知识层面多高的读者，在阅读自媒体的内容时，都是抱着消遣时间的心态，顺便增长点知识，所以自媒体内容创作的风格应当更贴近网络文章，以消遣为主，寓教于乐。

自媒体时代下，读者对自媒体内容创作的需求主要表现在娱乐、个性、价值、新鲜、趣味与体验这6大关键点上，在进行网络风格塑造的时候，这6个关键点可以具体表现为5项方法建议。

下面以图解的形式向读者介绍网络风格塑造的5项方法建议，如图5-23所示。

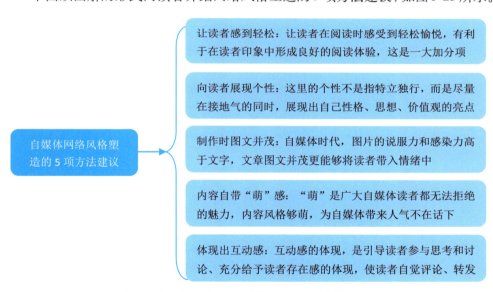

图 5-23 自媒体网络风格塑造的 5 项方法建议

5.3 从自媒体到自明星，如何暴增粉丝

随着网络的发展，网络上涌出了大批拥有强大号召力的个人IP，比如之前提到的凯叔、"罗辑思维"创始人罗振宇和"简书一哥"彭小六等，他们就是我们常说的自明星，通过自媒体而出现在广大网友视野里的公众人物。

那么他们是如何通过自媒体一步步从普通人成长为领域领头人物的呢？这就是本节的内容，主要向读者讲述成为一个自明星需要具备哪些方面的素养。

5.3.1 自明星要具有互联网意识

自明星是依托自媒体走出来的拥有个人品牌的自媒体达人，他的包装和发展跟其运营的自媒体定位和魅力是休戚相关的，因此，自明星与自媒体一样，都需要具备超强的互联网意识。互联网意识可分为以下3个层次。

1．第一个层次

第一个层次，是把互联网当成一个社会化的媒体营销平台，即利用微博、微信、贴吧与论坛等社交网络与用户进行沟通，实现最佳营销。

互联网意识的第一层次最好致力于社会化媒体营销，这样做有利于打造自媒体口碑，有拉动用户参与、取得营销最佳效果和扩大品牌宣传的作用，具体可以站在用户利益的角度和通过用户喜欢的方式这两个方面来考虑。

2．第二个层次

自明星与自媒体经营的互联网意识的第二个层次，主要是从"用户意识"的角度进行考虑，在用户至上、体验至上的商业时代，让用户掌握消费的主权，在消费活动中成为主动方，利用互联网的便利找准用户的痛点，有针对性地制作产品和服务，打动用户。

互联网大数据时代，自媒体对互联网的利用，最多的就是用来对市场和用户信息的调查、收集与整合，然后依据这些数据制定产品发展策略、服务升级策略和市场营销策略。等一切都准备妥当并经过多次测试之后，将自媒体推向市场，参与市场竞争。

在这一系列的操作中，互联网大数据虽然不是最精密、最重要的，但它起着基础性的作用，一个数据的错误就会影响之后一系列的执行都产生纰漏。

3．第三个层次

自明星与自媒体经营互联网意识的第三个层次，才是自明星们最重视的。自媒体达人最重视的不是做电子商务营销，而是形成一种互联网的思维模式；不是借助社交平台做营销推广，而是重整自媒体的商业模式。下面以图解的形式向读者详解自媒体互联网意识的第三个层次，如图5-24所示。

互联网思维的培养和形成，是基于对整个商业生态圈和企业价值链的重新思考与整合。现今如淘宝、京东这样的大红大紫的电商平台，虽然充分利用了互联网思维的优势，但却不能等于整个互联网。互联网思维的形成是基于整个商业生态圈的大数据化,而电商平台只是这个商业生态圈中的一角。

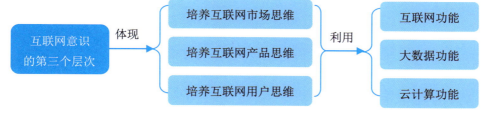

图 5-24　互联网意识的第三个层次

5.3.2　自明星要具有团队合作意识

自媒体团队合作有三层意思,一是自媒体内部组成团队,二是在自媒体保持独立的情况下与一些机构或企业进行合作,三是不同的自媒体之间形成一种联盟模式的商业绑定。下面以图解的形式向读者详解自媒体团队合作的三层意思,如图 5-25 所示。

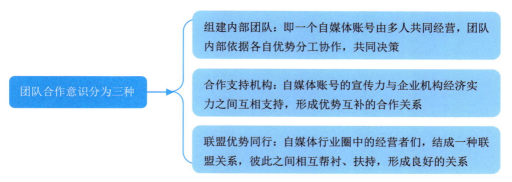

图 5-25　自媒体团队合作的三层意思详解

自明星基本上不会选择完全的独立经营。对于自媒体经营者来说,独立经营总会有许多能力上、精力上或策略上无法实现的东西,从内部到外部都会形成不利。下面以图解的形式介绍自媒体内部不能形成团队意识的 4 个缺点,如图 5-26 所示。

自媒体在保持经营独立性的前提下,与其他机构或企业达成共识形成合作关系是非常普遍的。最典型的就是自媒体的广告,广告商支付给自媒体经营者一定的经济报酬,借用自媒体的影响力做推广,但不影响自媒体的内容风格和经营模式。

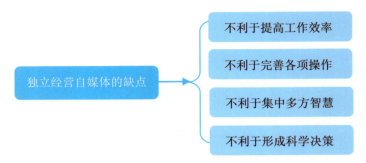

图 5-26　独立经营自媒体的缺点

许多自媒体经营者是全职经营的，等于把自己的生活完全押在了自媒体上，包括养家糊口、工作合作、运营管理，没有广告收入根本无法支持和周转。

如图 5-27 所示，为两大千万级别的自媒体公众号"十点读书"与"视觉志"，这两位自媒体创始人都组建了自己的公司，通过团队的方式来运营自媒体。

图 5-27　通过团队运营自媒体示例

5.3.3　自明星要具有品牌打造意识

在前面曾提到，品牌是产业风格的具体化，是产业经营的态度、文化和价值的集合产物。品牌即代表着质量、信誉和声望，所以不论是实体企业还是网络自媒体,想要把产业、产品做大、做好、做强,必须具有品牌意识。

同样,自明星也需要打造自己的品牌,下面以图解的形式介绍自明星打造品牌意识的重要性,如图5-28所示。

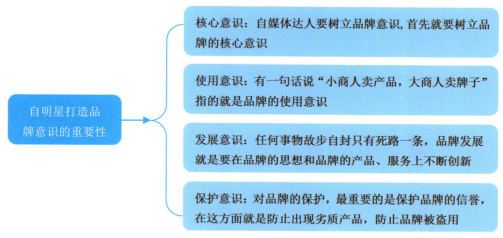

图 5-28　自明星打造品牌意识的重要性

自媒体经营者首先需要树立一个品牌意识,然后还需要有一个强势的品牌目标,督促着自己要往哪方面努力,往哪方面发力,塑造一个能让自己满意也能让用户认同的自媒体品牌。

品牌自媒体之间存在的竞争压力比普通自媒体更大,可以说一旦品牌树立起来,品牌就成了自媒体的灵魂,所以自媒体运营者在品牌的经营上只能不断地加强和升华,一旦品牌出了纰漏,就等于自媒体的灵魂受到了冲击。增强自媒体品牌竞争力和品牌能量,需要不断强化品牌影响力和持续创新品牌内涵。

品牌自媒体竞争的本质就是品牌文化竞争,因此,自明星们要持续创新产品功能和内涵,不断加强品牌的竞争力和影响力,从而实现自媒体的持续强化升级。

如图5-29所示,为"视觉志"创始人沙小皮为了应对行业竞争和迎合观众口味所做的一系列产品升级,依次推出了风格定位更加精准的细分账号,抢占市场份额。

从树立品牌意识,到注意品牌要素和品牌竞争,都是一个自明星必须要做的功课。打造一个属于自己的有特色、有价值、有内涵、有品质的自媒体品牌,是一个自明星应有的追求。不论是实体企业还是网络自媒体,品牌能够带来的不只是收益,还有人们所追求的事业的成就感。

图 5-29　升级品牌示例

5.3.4　自明星要具有商业融资意识

不论行业环境如何变动,自媒体事业的经济效益一直处于爆发期,从"粉丝经济"到"网红经济",证明只要经营得好,通过自媒体实现事业的成功是有可能的,并且对于真正的自媒体达人来说,更大的成功在于商业融资。下面以图解的方式向读者介绍 4 位自媒体达人的商业融资形式,如图 5-30 所示。

图 5-30　4 位自媒体达人的商业融资

自明星的商业融资几乎是所有自媒体经营者都梦寐以求的，自明星获得商业融资的 6 大条件是内容优、渠道广、粉丝多、有前景、能盈利与服务好。

如图 5-31 所示为发布在网易新闻上的一篇关于自明星"papi 酱"获得上亿融资的文章。

图 5-31　自明星获得商业融资的示例

5.4　科学运作自明星，打造经久个人品牌

自明星经过品牌打造、商业融资等一系列的铺垫和升级，对自媒体的运营就再也不能当作是一个人的兴趣，仅凭自身的娱乐精神我行我素，而应该向背后的投资者负责，像一个实体企业的运营者一样，每一个经营步骤都要经过科学的设计、科学的决策和科学的运作。

本节主要向读者介绍自明星的定向引爆策略、传播要素运用和用户的情绪利用等科学运作的方法，让自明星品牌能够长盛不衰，而不是昙花一现。

5.4.1　自明星的定向引爆策略

所谓定向引爆策略，就是在企业进行营销的时候，要求一切从客户的需求出发，把消费者放在第一位，并努力降低消费者购买成本的营销策略。在企业营销中，有一个专业的"4C 策略"指导定向引爆，其包含 4 个主要要素：消费者、成本、沟通和便利性。

企业营销的"4C 策略"的 4 大主要要素中存在着一种流水线逻辑，即企业以消费者为出发点，在营销中以尽量减少消费者的购买成本为宗旨，并积极与消费者进行沟通，努力为消费者的购买提供便利性。

从这个逻辑中可以看出，企业营销不只以消费者为出发点，并且在每个环节中都以消费者的利益和便利为中心点。

自明星要求以企业化的模式经营自媒体，用于企业的"4C 策略"同样适用于自媒体营销。自媒体经营者只需要学习企业经营者把消费者当作营销的出发点和中心点的原则，同样把自媒体用户当作营销的出发点和中心点，就掌握了"4C

策略"思想核心。

例如，可以借鉴《爸爸去哪儿》系列电影的推广操作案例，它的成功背后就有自媒体使用"4C策略"的影子。

《爸爸去哪儿》这档由湖南卫视制作的亲子真人秀节目，在以电视播出的形式火了之后，连续两季都又以电影的形式搬上大荧幕，并且都以千万元的低成本获得了上亿元的票房收益，尤其是2014年上映的第一季大电影，拍摄时间仅5天，成本花费仅5000万，却得到了7亿的票房回报。如图5-32所示为《爸爸去哪儿》第一季的宣传海报。

图 5-32　《爸爸去哪儿》第一季宣传海报

明星效应和粉丝支持是《爸爸去哪儿》大电影获得票房巨大成功的重要因素，但最终将这些优势因素结合起来的幕后推手却是自媒体。在电影准备开拍之前，剧组所运营的官方微博就对电影相关问题发起讨论，两天之内微博粉丝讨论数就达到3万，为电影的上映做足了宣传。

除了《爸爸去哪儿》剧组的官方微博大力宣传、和粉丝进行积极互动外，湖南卫视这个强大的后盾也给予了强大的支持，如《天天向上》《快乐大本营》《百变大咖秀》这些全国收视前列的综艺节目，也在自己的官方微博上对《爸爸去哪儿》第一季大电影做宣传推广，可以说自媒体的推广为《爸爸去哪儿》第一季大电影立下了大功劳。

在电影宣传中，各大官方微博、自媒体的推广充分利用了"4C策略"的消费者、成本、沟通与便利性这4大主要要素，先对消费者这一出发点和中心点要素进行分析，通过让消费者参与讨论的方式，吸引消费者的关注，并从他们的话语中得到消费者的需求，有的放矢地满足消费者，得到他们的认同。

"4C策略"的第二大要素是成本，以降低消费者购买成本为目的。尽管在《爸爸去哪儿》第一季大电影的案例里，只看到剧组如何以 5000 万的低成本收获 7 亿的票房，却没有看到消费者的购买成本有所减少，但其实这两者当中存在着关联性，如图 5-33 所示。

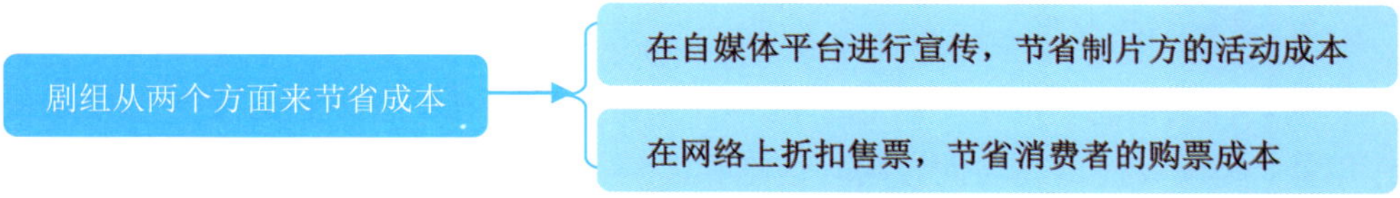

图 5-33 剧组从两个方面来节省成本的方法

"4C 策略"的"沟通"要素和"便利性"要素具有联合性，这种联合性表现为企业通过自媒体积极与消费者进行沟通，并努力为消费者的购买提供便利性。所以，要把这两大要素联合起来讲。例如，自媒体通过微博讨论这一有效沟通方式，了解到消费者的便利需求，就为他们提供购票方式的便利和观影方式的便利性。

企业营销的"4C 策略"是典型的定向引爆策略，被自明星们引用到自媒体的推广营销当中，也受到了许多专业人士的认可。这种从科学设计到科学决策的一系列科学运作，值得用心学习钻研。

5.4.2 自明星对传播要素的运用

自明星深谙，即使获得商业融资也不能放弃继续做自媒体的内容推送，因为放弃了继续推送内容，就等同于放弃了这个自媒体阵营；放弃了这个阵营，就失去了和用户的有效沟通，科学运作就失去了基础。所以自明星不仅不能放弃自媒体的内容推广，还要比一般人更懂得自媒体信息传播要素的运用。

自明星要善于利用传播要素，主要有以下 5 点。

1．信息的娱乐性

关于传播要素中的信息娱乐性，广大社会群众有目共睹，越是娱乐性质的消息，就越能博得眼球吸引话题，并且轻易就能上头条。虽然都是千篇一律的套路和陈旧老套的内容，但效果却是非常好的。

人们都会有一种猎奇、窥探他人隐私的心理，尤其是明星的私生活更是受到无数双眼睛的关注，基本上娱乐信息就是靠明星的私生活支撑起来的。

2．信息的情绪性

情绪化的信息与娱乐化的信息相比，虽然传播范围和被接受度比不上娱乐化信息，毕竟轻松、趣味性的东西更符合现代人们快节奏、紧张的生活需要。但情绪化的信息引发的争论热度是最高的，激发读者的情绪也有几条常用的套路，比如官员腐败行为、医疗教育纠纷、明星慈善公益、平民英雄事迹和社会不良风气等。

3．信息的利益性

利益性的信息，既是一种信息内容，又是一种信息手段。利益性信息的两大作用是，为读者提供利益性导向的信息和以利益为手段吸引用户。再进一步分析，提供利益性导向的信息就是告诉用户商机和利益发展方向，为用户提供指导；以利益手段吸引用户就是通过告诉用户什么渠道好发展，能够获得不菲的利益收获，吸引用户关注和参与到某个商业活动中。

4．信息的知识性

自媒体作为一个媒体工具，向用户传播信息是自媒体的本职性能。在传播信息的时候，还要照顾用户的求知性。对于用户的求知性，专业化、领域化的知识可能并不是用户每天都想看的，反而是网上那些五花八门的带点生活味道的内容最能勾起用户的求知欲望和阅读欲望。自明星一般从生活的6个层面打造信息的知识性：养生知识、天文知识、居家知识、风水知识、时政知识和旅游知识。

知识性的东西，需要从小处入手，从兴趣处入手，从需要处入手，越是令人感兴趣、令人感到需要的东西做出来才越有价值和意义，越是从小处着手才能越看得出经营者的水平。

像养生、风水、天文、居家与旅游这样看起来五花八门没个主题的内容大杂烩，自明星们应该是不屑于去做的，但这样的内容却是不分年龄、身份、学历和见识的人都会接受的，比如"罗辑思维"每天发出的一分钟语音，都是以小见大、以浅见深的内容表达。

5．信息的重大性

信息的重大性是最吸引眼球、最能引发议论、最能获得广泛传播的。信息的重大性集合了信息的娱乐性和情绪性的传播优势，但又比信息的娱乐性更庄严，比信息的情绪性更理智。2018年在媒体的信息传播中，霍金先生的逝世是最轰动的，这个具有卓越贡献又有坚韧意志的科学家去世的消息，受到了官方的、非官方的、时政的与娱乐等各类自媒体的传播。

如图5-34所示为输入关键词"霍金先生去世"搜索到的文章页面。

图 5-34　展现重大信息的文章示例

5.4.3　自明星利用用户情绪增粉

自明星在获得商业融资后，若以企业管理的模式经营自媒体，就要更注重吸引用户、留住用户做好营销。任何一个企业的任何一次营销都是以目标客户为核心的，所以自明星需要更加努力地打造目标用户、吸引粉丝。

自明星打造目标用户、吸引粉丝的方法，就是了解用户心理，然后突破用户心理。

现代化生活中的人们，在超快节奏和巨大竞争中，心中都积压着巨大的心理压力，了解人们的压力及对舒缓压力的需求，有利于自媒体经营者更好地打造目标用户和影响这些目标用户。

现代化生活中的人们，除了压力，还有一个令人非常苦恼的矛盾，就是随着互联网的发展，人们能了解的事物越来越多，对外界的认识也越来越多，但生活却越来越封闭、越来越单调。也可以说因为工作和经济的紧迫，人们有太多想去而不能去的地方，所以内心会纠结、会苦恼，所以在阅读自媒体的时候就更希望能够认识新鲜的事物，了解更广阔的世界。

人的需求与现实的矛盾，其实是社会人普遍面临的问题，不论是资本主义国家还是社会主义国家，不论是温饱阶层还是小康阶层、富裕阶层，都会有自己的需求矛盾。在这里介绍读者去了解马斯洛的"人的需求层次"理论，图 5-35 为马斯洛的"人的需求层次"概念示意图。

图 5-35 马斯洛的"人的需求层次"概念示意图

由于看世界的视野越来越宽广，内心越来越渴望自由，多数人虽然经济水平只在温饱阶段，但个人需求层次却是在小康层次。人们渴望在社会中得到关注，渴望得到尊重，但是与狭隘又束缚的现实相比，人们又发现自己的价值极其渺小，因而对社会产生抵触情绪。

对于自媒体经营者来说，了解到用户的抵触情绪，就应该顺势而为，利用这种抵触情绪开展活动，吸引粉丝。比如一个叫"作家崔成浩"的微博账号，就是专门利用微博用户的这种抵触情绪，把自己的账号打造成一个供粉丝调侃、吐槽、发泄的场地。但是对于自明星来说，这样的做法是不利的，因为尽管每个人都有抵触情绪想发泄，但恢复理智后决不会对这样的账号产生知己的感觉，反而会觉得很没品位。

而对于以打造品牌为目标的自明星来说，品牌一定是正面的、有品位的，所以自明星需要做的是把用户的抵触情绪科学转化，给人留下健康、理智、开明的品牌印象。

第 6 章
微营销的黄金利器

> **学前提示**
>
> 新的时代有新的营销模式,在网络信息时代的今天,微营销已经遍布我们生活的各个角落。
>
> 本章主要介绍各种微营销的重要引流方法和营销模式,包括软文营销、短视频营销、H5营销以及场景营销等,让企业和商家能够快速地融入新时代,手握微营销的黄金利器,让产品更好地得到流量并销售出去。

- 软文营销:微营销引流的常用手段
- 短视频营销:异军突起的微营销引流手段
- H5 营销:无处不在的营销引流工具
- 场景营销:大势所趋的引流营销模式

6.1 软文营销：微营销引流的常用手段

在这个传播手段日益进步的社会，不管是线上企业还是线下企业，都会用到软文这一形式对企业的产品进行推广和营销。如果新媒体内容运营者想要通过推广获得更多的粉丝，可以通过推送文章的方法来实现。

软文的形式不是单一的，而是多种多样的，不同的软文形式能够得到不一样的引流效果。本节主要讲述如何写好一篇引流效果不错的软文。

6.1.1 好的标题吸引用户注意

利用软文进行微营销引流，在撰写软文之前，首先应该明确其主题内容，并以此拟定标题，从而使得标题与内容能够紧密相连。

无论撰写软文的主题内容是什么，最终目的还是吸引用户去阅读、评论以及转载，从而带来软文外链，吸引用户流量。因此掌握撰写有吸引力的标题技巧是很有必要的，下面为大家讲述3种常见的软文标题形式。

1．悬念式标题：引起读者的强烈好奇心理

悬念式标题是指将文章中最能够引起读者注意的内容，先在标题中做个铺垫，在读者心中埋下疑问，引起读者深思，从而去阅读文章内容。

利用悬念撰写标题，有4种方法，如图6-1所示。

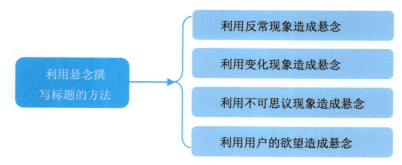

图 6-1　撰写悬念式标题的方法

悬念式标题的文章在人们的日常生活中运用得非常广泛，也非常受欢迎。当读者在阅读一篇软文时，能够在看到标题的时候产生各种联想，并把有关事物之间的联系串起来，这样的标题效果即可称之为成功了。

这种带有悬念的文章标题模式，在吸引读者注意力方面是比较常见的且非常有效。

2. 趣味性标题：营造一个愉悦的阅读氛围

趣味性的标题是指通过一些充满趣味的词语来点缀标题，从而使得标题带给人一种轻松、愉快的感觉。这种趣味性的标题能够营造一个愉悦的阅读氛围，所以即使文章传递的内容是产品宣传的广告，也不会让读者很反感。

一篇带有趣味性标题的软文往往是受人瞩目的，但如何在标题中加入趣味性的元素也是一个不小的难题。

趣味的标准是什么？如何寻找趣味？笔者将其技巧总结为如图6-2所示。

图6-2 打造趣味性标题的技巧

趣味性标题一方面可以有效吸引读者的眼球，另一方面还可以让读者产生愉悦的阅读感受，从而进一步扩大软文的传播范围。

3. 独家性标题：体现一种独有的珍贵资源

独家性标题，也就是从标题上体现出公众号、APP平台所提供的信息是独有的珍贵资源，令人产生值得点击和转发的感觉。

从大众的心理方面而言，独家性标题所代表的内容一般会给人一种自己率先获知、别人所没有的感觉，因而在心理上更容易满足。在这种情况下，好为人师和想要炫耀的心理就会驱使读者自然而然地去转发，增加文章的曝光率。

独家性标题会带给读者独一无二的荣誉感，同时还会使文章内容更具吸引力。那么，在撰写这样的标题的时候，我们应该怎么做呢？是直接点明"独家资源，走过路过不要错过"，还是运用其他的方法暗示读者文章的内容是与众不同的呢？在这里，笔者提供如图6-3所示的3点技巧，帮助大家成功打造出夺人眼球的独家性标题。

独家性的标题往往也暗示着文章内容的珍贵性，因此撰写者需要注意，如果标题使用的是带有独家性质的形式，就必须保证文章的内容也是独一无二的。独家性的标题要与独家性的内容相结合,否则会给读者造成不好的印象,从而影响后续文章的阅读量与引流效果。

图 6-3　打造独家性标题的技巧

6.1.2　内容质量是软文引流关键

一篇文章的精华在于什么?有的人说是标题,有的人说是正文,有的人说是格式,往往各执己见,不能统一。

而一篇真正受到读者欢迎和青睐的文章,是少不了细致精彩的内容布局的。内容布局的好坏,可以决定一篇文章点赞率的高低,也就影响了软文引流效果的好坏。

下面为大家讲述 3 种常见的软文内容布局,为软文引流提供更好的条件。

1. 创意式软文:具有创意造成深刻印象

创意式软文,顾名思义,就是软文的内容要出人意料,且合乎情理。创意式软文往往能引发转载浪潮,一个好的创意能使人赞叹,打消人们对软文营销的抵触心理。

创意式微博软文写作可以从以下 3 个方面来着手。

(1) 写作思维要开阔。

创意式软文的写作思维要开阔,想别人所想不到的,有时候甚至要敢于"反其道而思之",让思维向对立面的方向发展,从问题的反面深入地进行探索,树立新思想,创立新形象。

人们习惯于沿着事物发展的正方向去思考问题并寻求解决办法。其实,对于软文中某些问题的讲解,尤其是一些特殊问题,可以倒过来思考,从后往前推,这往往会使问题的讲解更加简单,容易让人理解,也给人耳目一新的感觉。

(2) 软文体裁多样化。

软文的思维可以创新,软文形式也可以是多样的。例如剧本是一种文学形式,是戏剧艺术创作的文本基础，编导与演员根据剧本进行演出。与剧本类似的词汇还包括脚本、剧作等。它以代言体方式为主，表现故事情节的文学样式。

相对于说明书类型的软文正文布局，剧本式布局在增加软文的趣味性上更具效果，且其有足够多的途径支持软文的传播。

(3) 写作手法非常规。

创意式软文的写作手法可以是非常规的。可以采用欲扬先抑的写作手法。这种手法指的是在突显某些人、事、景与物的时候，先用曲解或嘲讽的态度尽力去贬低或否定，然后再给予极大力度肯定的一种手法。运用先抑后扬型正文布局时，要注意抑少扬多，扬能压抑。

先写坏的，后写好的，这就好像用低谷来衬托山峰的高耸，前后形成鲜明对比，能使软文更精彩，给读者留下更加深刻的印象。

2．数据式软文：精准数据赢得顾客信任

顾名思义，数据式软文就是分析数据，做出统计，并且用文字的方式来展现给用户的软文。数据式软文虽然称作是软文，但是里边更多的是通过一些数据调用、文字信息、图片图表或评论举例等方式来穿插自己的广告，从而达到合理的宣传。数据式软文的核心就在于给用户呈现准确的数据，因此对用户的影响也更大。

数据式的软文写起来速度比较快，字数也不需要太长，有很多时候是引用第三方的数据加上自己的评论完成。

数据式软文有自己明显的特点，首先因其定位的是数据或图表形式，因此有较强的传播性、专业性以及简洁性等特点。

数据式软文能帮助企业或者网站快速传播品牌。由于软文中数据较多，往往给用户一种专业性的感觉，所以可信度比起其他软文就会有一定程度的提高。

如何写好一篇数据式软文呢？数据式软文的写作方法，可以总结为以下 5 点。

(1) 整理数据源。

数据源可以包括生活、手机、汽车、创业等各个行业。

(2) 自身调查。

自己做的一些测试或是调查结果，也是非常有说服力的。

(3) 重在加工。

有了数据之后，加工成用户喜欢看的形式是非常重要的。

(4) 第三方网站下载。

类似艾瑞网这样的第三方网站有很多可利用数据。

(5) 善于搜索。

搜索关键词找到原始的数据，分析并整理加工这些数据。

3．故事式软文：贴合读者内心最柔软的部分

故事对于人们来说是一个什么样的存在呢？我们小时候就喜欢听故事，长大了喜欢看故事。因为小时候听着千奇百怪的故事，所以会对故事中的情节、人物有所向往，而长大后则开始在故事中领悟到人生哲理。不同的阶段，故事对于我们来说有着不同的意义，但有一点是不容置疑的：人人都爱听故事。

软文也可以像连载故事一样写，具体的操作方法是在撰写的过程中留下伏笔，而这个伏笔的作用是为下一篇软文作铺垫，这样连续下来，就会像一个连载短篇故事一样，为读者制造可想象的空间以及期待感，这样的软文就不怕没有曝光率了。

总之，故事永远都是人们所热衷的，写出一篇好的故事式软文，就能抓住读者的心，赢得他们的认可，从而达到引流的目的。

6.1.3　8个提高文章搜索率的SEO技巧

SEO，英语全称为Search Engine Optimization，意为"搜索引擎优化"，从其组成部分来说，它包括站内优化和站外优化两个方面。

其中，站内优化即网站内部的优化，主要包括3个方面，具体如下。

(1) 在网站结构方面，进行有序调整。

(2) 在网站内容方面，进行优化建设。

(3) 在输入形式方面，进行代码优化。

而站外优化主要是针对推广和品牌方面的建设，这是站内优化的外部延伸和具体表现，是搜索引擎优化的重要组成部分。

进行搜索引擎优化建设，可以使网站、平台等更好地满足搜索引擎在收录排名方面的需求，可以用户进行搜索时，在其提供的关键词引导下更容易地找到优化后的引擎，从而达到其推广和营销目标，具体表现如图6-4所示。

从图6-4中可以看出，基于诸多目的而进行的搜索引擎优化对于平台的运营和成长有着极大的优势，是其能够进一步进行推广引流的重要助力。

因此，广大运营者有必要掌握提高搜索率的搜索引擎优化技巧，主要包括以

下 8 个方面。
- 取名要含有词根。
- 功能介绍影响曝光率。
- 利用好地域因素靠前。
- 推送信息标题含有关键词。
- 通过认证的会优先排在前面。
- 推送的内容影响阅读量和分享量。
- 粉丝的互动频率越高，排名越靠前。
- 服务号信息能直接抵达用户。

图 6-4 搜索引擎优化目的

6.2 短视频营销：异军突起的微营销引流手段

短视频是如今社会流行的自我展示方式，众多口碑好、下载量靠前的短视频软件意味着巨大的用户数。运营者在这些平台上面进行短视频营销，引流效果也是很可观的。

本节主要为大家讲述 5 款热门的短视频 APP 的特色，以及在其上进行引流的方式。

6.2.1 抖音短视频 APP——年轻人的俱乐部

抖音 APP 是由北京微播视界科技有限公司研发的一款专注 15 秒音乐视频的拍摄软件。抖音自 2016 年上线以来，它的用户数便一直上涨，截至 2017 年年底，就已经拥有超过 1 亿的注册用户，日活动用户数超过 6000 万，而且它背靠今日头条这棵大树，拥有很大的潜力和持续增长的趋势。

相对于一般的短视频拍摄软件来说，抖音 APP 的出现犹如一股清流，抛弃传统的短视频拍摄，转而拍摄音乐短视频。对于如今的年轻人来说，这一软件的出现，能让他们以不一样的方式来展示自我。此外，抖音 APP 音乐中的音乐节奏感和律动感都十分明朗与强烈，受到追寻个性和自我的年轻人的争相追捧。

因此，运营者可以利用抖音短视频这个大池塘，吸引到足够的流量。例如，一位 4S 店的销售顾问就在抖音上发布短视频来打出自己的知名度，并在资料介绍部分留下了自己的微信号，如图 6-5 所示。

图 6-5　在抖音上发布短视频引流示例

抖音 APP 最大的特色就是，它是一款主打音乐短视频的视频拍摄软件，相比于其他的短视频拍摄软件只是在视频的呈现方式上下功夫，抖音 APP 则是另辟蹊径，以音乐为主题进行视频拍摄。

抖音 APP 还有一些小功能值得发掘：一是在首页为用户提供相关的音乐推荐，用户可以根据自身的喜好选择相应的背景音乐；二是用户可以选择快拍或者慢拍两种视频拍摄方式，并且具有滤镜、贴纸以及特效，使用户拍摄的音乐短视频更加具有多变性和个性；三是抖音 APP 还能将拍摄的音乐短视频分享到朋友圈、微博、QQ 空间以及有针对性地分享给微信朋友等。

6.2.2　快手 APP——海量用户数提高引流效果

快手的问候语是"记录世界记录你"，定位是一个分享和记录的平台。快手的内容涵盖生活的各方面，用户数也是遍及全国。在这个平台，人们往往能搜寻到自己感兴趣的内容，找到欣赏的人，了解世界的博大，看到不一样的生活和风景，同时也可以把自己的生活分享出去，得到别人的欣赏和认可。

快手 APP 的前身是 GIF 快手，2011 年 3 月上线，定位是制作和分享 GIF 图片的 APP，转型到短视频社区的时间是在 2013 年 7 月，并改名为"快手"，在 2015 年的时候用户数就超过 1 亿，截至 2017 年 11 月，快手的注册用户数超过 7 亿，日活跃用户数超过 1 亿，称得上短视频 APP 领域的霸主级平台。

巨大的用户数能带来可观的流量，因此，运营者完全可以通过快手发布小视频来吸引用户的流量。

如图 6-6 所示，一位多肉种植户就通过在快手上发布视频的方式来对自己的产品进行宣传，让自己和产品拥有更高的曝光率。

图 6-6　在快手 APP 上发布小视频引流示例

6.2.3　美拍 APP——下载次数最多的短视频 APP

笔者经过对 VIVO 下载商店的下载数据量对比，发现美拍 APP 是下载次数最多的一款短视频拍摄软件，达 1.7 亿余次。该软件自面世以来，曾多次蝉联软件下载榜榜首。

美拍 APP 是由厦门美图网科技有限公司研制发布的一款集直播、手机视频拍摄和手机视频后期于一身的视频软件。

美拍 APP 从 2014 年面世之后，就赢得了众多人的狂热参与，可谓是掀起了一场全民直播的热潮，算得上开启了短视频拍摄的大流行阶段。后经众多明星的使用与倾情推荐，将其真正深入到人们的心中，每当人们一想起短视频拍摄，总会想到美拍 APP，这款软件深入人心的程度可见一斑。

美拍 APP 主打"美拍＋短视频＋直播＋社区平台"。这是美拍 APP 的特色，从视频开拍到分享，一条完整的生态链，足以使它为用户积蓄粉丝力量，再将其变成一种营销方式。

例如，一位经营迷你榨汁机的运营者，就通过发布短视频吸引用户注意，并在美拍的个人资料里植入个人微信和微博的信息，达到引流的目的，如图 6-7 所示。

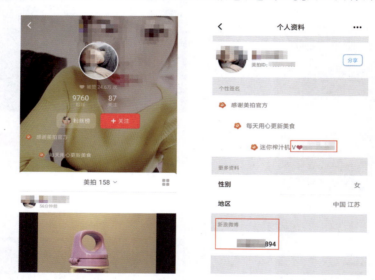

图 6-7　在美拍上植入自己的私人信息引流

6.2.4　火山小视频 APP——后起之秀来势汹汹

火山小视频 APP 是由北京微播视界科技有限公司研制发布的一款主打 15 秒短视频拍摄的手机视频软件，号称是最火爆的短视频社交平台，以视频拍摄和视频分享为主。

火山小视频 APP 作为 2017 年度热度较高的一款短视频拍摄软件，最大的特点就是能快速创作 15 秒短视频。超多滤镜打造特效视频，并且拿起手机就能实现视频拍摄，在实现美颜直播的同时还能与粉丝零距离互动。此外，火山小视频 APP 还能根据用户长期搜索视频的类型与习惯，为用户量身推荐相关视频。

短视频营销越来越被运营者青睐，连传统的木雕行业经营者都通过发布短视频的手段来宣传产品，吸引用户关注。如图6-8所示为一家木业公司在火山小视频APP上发布的小视频，内容包括原材展示、制作过程和成品展示等，获得了不错的关注度。

图6-8　在火山小视频APP上发布小视频引流示例

6.2.5　秒拍APP——别具特色的"文艺摄影师"

秒拍小视频APP，是由炫一下（北京）科技有限公司研制发布的一款集视频拍摄、视频编辑和视频发布于一体的短视频拍摄软件。

它拥有5大视频频道，帮助不同的用户选择不同的视频观看。秒拍小视频APP在2014年全新上线之后，有了"文艺摄像师"之称，风格偏向文艺化与潮流化，颇受明星们的喜爱，如包括吴镇宇、张靓颖、李宇春、徐静蕾、谢娜和刘诗诗在内的600多位明星大咖都在使用秒拍，并为它带来了众多的流量。

秒拍小视频APP的另一大亮点就是"免流量"看视频，这为众多用户选择秒拍小视频APP奠定了基础。而且，秒拍小视频APP的悬赏玩法，也是秒拍小视频吸引用户的特色。

例如，一位公众号运营者就通过在秒拍发布视频，并在字幕中植入公众号信息的方法，来实现公众号推广引流的目的，如图6-9所示。

图 6-9　在秒拍上发布小视频引流示例

6.3　H5营销：无处不在的营销引流工具

H5中的"H"是指HTML，它是"超文本标记语言"（HyperText Markup Language）的英文单词缩写，简单来说，就是一种规范，一种标准，它会以网页的形式呈现在我们面前；H5中的"5"指的是"第5代"。也就是说，H5是指第5代超文本标记语言技术，目前主要用于移动端的Web页面制作。

目前，H5已渐渐成为移动运营者的标配、刚需，既是运营者对外宣传的窗口，又是与客户交流的平台工具，同时也是个人创业的新颖平台。

随着移动互联网的发展，现在网络营销的方式也越来越多，不过最基本、最广泛的还是H5营销。H5营销不仅成本低，而且能够有效地提高企业形象和知名度，因此成了很多企业最喜欢的营销手段之一。

H5被广泛使用，最主要的原因是成本低，而且它能够与微信朋友圈很好地结合，具有强大的吸粉、引流能力。

本节主要介绍H5的传播渠道、吸粉引流和营销运营的技巧，让运营者在运营过程中更加得心应手。

6.3.1　公众号+H5快速吸粉

经营微信公众号的目的和经营任何一个H5活动的目的一样，我们不只希望能有一个平台可以展示自己的H5作品，更希望能够在这个平台上把自己的H5作品转化为价值，最通俗的说法就是利用H5营销来快速吸粉实现盈利。

在微信公众号的营销中，最容易被用户认可的、最能够得到用户的点赞和转载的，永远都是内容最好的。因此，我们首先要打造一个内容优秀的H5作品，然后通过微信官方平台来操作，可以使用公众号的自动回复的功能来推送H5。

用户还可以通过发布作品、文章，来推广 H5 作品。H5 作品发布项目后，复制二维码下方的项目链接；在正文部分插入项目二维码，用户长按二维码自动识别，跳转至项目，如图 6-10 所示。也可以将项目链接填入图文信息中，使用微信图文信息传播 H5 项目。

图 6-10　编辑微信公众号图文信息传播 H5

6.3.2　广点通 +H5 实现精准用户触达

广点通是腾讯专为企业用户打造的社交广告平台，它的广告资源非常丰富，可以精准覆盖超过 8 亿的优质用户，包括微信、QQ、QQ 空间、QQ 浏览器和应用宝等腾讯的用户。企业可以与广点通进行合作来推广自己的 H5 营销活动，让活动覆盖面更广。

另外，广点通平台为企业用户提供了很多广告定向条件，如人口属性、商业兴趣、地理位置、使用设备以及天气环境等。企业在推广 H5 营销活动时，可以设置适合实现自己营销目标的条件，来锁定精准的推广人群。

广点通可以帮助企业高效实现营销目标，主要作用如图 6-11 所示。

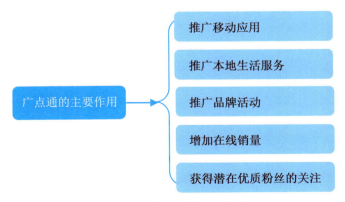

图 6-11　广点通的主要作用

如图 6-12 所示，为"利郎"通过广点通来推广品牌文化的示例，其营销页面展示在微信朋友圈中。

图 6-12　"利郎"的营销广告示例

6.3.3　H5+ 游戏化活动营销提高用户转化率

通过游戏化的 H5 活动营销，将品牌元素融入 H5 游戏广告，不但可以打造极致的用户体验，而且还可以带来更高的转化率。

游戏化营销是时下的潮流趋势，通过 H5 游戏与微信强强联合，可以产生良好的"化学反应"，因此，企业可以选择一个好的 H5 游戏制作平台来进行游戏化营销，不但省时省力省钱，而且还更加有趣有效。

游戏化的 H5 活动营销有以下 5 点优势。

1．高参与

游戏化营销主要通过休闲有趣的方式来让品牌与用户实现互动，更加容易被用户接受。

2．易连接

利用 H5 实现互联网游戏化营销，比较鲜明的特点就是容易连接，用户通过扫描二维码或者点击链接的形式，即可参与游戏。

同时，游戏化营销可以非常方便地与抽奖、优惠券、表单、排行榜和第三方发奖等多种 H5 营销方式相结合，带来更强的用户黏性。

3．强分享

游戏营销具有一定的挑战性，同时会显示用户分数和微信排行榜，可以满足用户的炫耀心理。另外，大部分的 H5 游戏都带有奖励机制，可以激发用户主动去传播。

同时，制作完 H5 游戏后，通常会自动生成二维码和活动链接，用户可以将其添加到微信公众号菜单、公众号文章或文章"阅读原文"链接等渠道，也可以通过微信群、微信朋友圈、QQ 以及微博等进行传播推广。

4．低成本

很多平台都提供了高度灵活的 H5 游戏模板，即使没有任何技术开发经验，也可以快速套用模板制作一个游戏营销活动，对于开发时间和制作成本来说，都能有效地降低。

5．易转化

相关数据统计显示，图片、公众号营销的转化率只有 1%，而 H5 游戏化营销的转化率则高达 17%，远远高于传统的微信营销方式。

品牌与促销信息可以软性植入到 H5 游戏中，用户的接受程度更高，更利于销售转化。

由于 H5 游戏化营销易于转化，企业一旦制作好了一款 H5 游戏，其边际成本（边际成本指的是每一单位新增产品带来的总成本的增量）也会越来越低。

6.3.4　H5+IP 营销让产品迅速蹿红

互联网+时代，各种新媒体平台将内容创业带入高潮，再加上移动社交平台的发展，为新媒体运营带来了全新的粉丝经济模式，一个个拥有大量粉丝的人物 IP 由此诞生，成了新时代的商业趋势。

同时，迅速蹿红的还有 H5+IP 这种新型的营销模式。对于企业或创业者来说，了解 H5+IP 的营销技巧，才能在企业运营或创业过程中让它们更好地为自己所用，为自己的 IP 挖掘更多的粉丝。

1．H5+ 古文化 IP

在 H5 营销中，加入很多古文化 IP，如古建筑、历史名人、传统工艺和神话故事人物等,可以让 H5 作品更加生动有趣,带来更好的传播效果。

2．H5+ 人气公知 IP

人气公知 IP 包括各行各业的网络红人,如天下霸唱、南派三叔、同道大叔、韩寒、咪蒙、郭敬明和"罗辑思维"等。

随着互联网文学的盛行,读者群体的增长速度令人震惊,同时也打通了这些人气公知的 IP 商业化道路。此外,企业可以在 H5 营销中借助这些人气公知 IP 的名人效应,快速提升 H5 的名气。

3．H5+ 人气偶像 IP

人气偶像 IP 通常都自带大的流量,对于 H5 的宣传推广来说,他们本身就具有广大的粉丝基础。而这些粉丝出于对偶像的喜爱,很可能会转化为 H5 的用户,因此成功概率更大。

6.3.5　H5+ 话题营销实现火爆引流

H5 同样具有时效性。相关数据统计显示,一个 H5 页面的热门时间通常在发布后的两周内,这个时间可以说比较短。

因此,我们在设计 H5 时,应尽量抓住并结合当下的社会热点尽快上线,善于利用话题效应来让 H5 短时间火爆起来,从而更好地满足用户的需求。将话题和 H5 营销结合起来,更能够引起目标群体的关注,收获到不一般的效果。

实时热点是人们最为关注的话题,企业可以借助它们的"热势",来让自己的 H5 更加容易地受人们的欢迎。

那么,哪些实时热点是可以借助的呢?可以从社会热点、明星现状和生活热点这 3 个方面入手,作为 H5 策划的素材。

6.3.6　H5+ 线下互动让用户印象深刻

H5 属于线上平台,但是同样有线下的营销方式。线下营销主要是针对"线上"的概念而言的,目标也以小的用户群体为主,主要营销方式如下。

1．H5+ 新店开张引流

操作流程如下。

(1) 在 H5 中植入新店开张信息。

(2) 发布 H5 活动,如易拉宝、传单。

(3) 用户玩 H5 游戏,看到开业信息。

(4) 开业后用户前往门店消费。

2．H5+ 路演引流

操作流程如下。

(1) 设置奖品。

(2) 发布 H5 活动二维码。

(3) 群众扫码参与 H5,分享 H5。

(4) 凭兑奖码现场兑奖。

3．H5+ 实体店促单引流

操作流程如下。

(1) 设置奖品。

(2) 发布 H5 活动,如海报、快递包装。

(3) 用户玩 H5 游戏,中奖并分享 H5。

(4) 用户兑奖,用抵用券消费。

4．H5+ 现场互动引流

操作流程如下。

(1) 设定规则仅限现场参与。

(2) 发布 H5 活动,如传单、易拉宝。

(3) 用户参与、分享 H5,引朋友到现场。

(4) 用户现场兑奖。

5．H5+ 节日促销引流

操作流程如下。

(1) 设每人都中代金券。

(2) 通过公众号发布 H5 活动。

(3) 用户玩公众号游戏,中奖。

(4) 用户兑奖,消费。

对于电商平台和实体店铺来说,引流都是非常重要的营销环节,很多商家通常会选择在微信中发放优惠券的方式来进行引流。

其实,运营者可以在这个环节中使用 H5 小游戏来与消费者进行互动,这样不但可以让他们在游戏的乐趣中获得优惠券，同时还能提升品牌在他们心中的地位。

6.4 场景营销：大势所趋的引流营销模式

在大数据时代后，移动互联网科技不断发展，迎来了一个全新的场景时代。场景引领了新一轮的互联网商业革命，成为未来的核心竞争力。

如今，每个产业都将受到场景时代的深入影响，场景为大家带来了商业新常态和财富新思维。

6.4.1 新旧更替：从流量、数据到场景的时代

时代总是处于不断变化之中的，尤其是随着移动互联网的出现和发展，我们从过去的流量时代，到后来的数据时代，再到如今的场景时代，不同时代下，商业生态也不同，具体内容如图 6-13 所示。

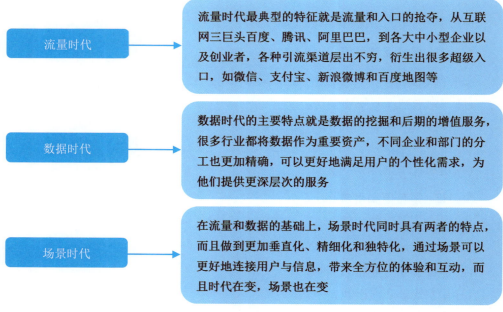

图 6-13　新旧更替的时代特征

其实，场景就是互联网时代的用户需求，"抢占场景"就是抢夺流量、抢夺入口、抢夺用户与抢夺商机。

在早期的流量时代，硬件与软件的融合，使得信息的交流成了人们的迫切需求，更快地访问到所需的信息成了一种新的趋势，在这种情况下，互联网走向了新的风口。同时，入口的发展也越来越接近信息本身，并以信息为中心向人们的需求辐射扩展。在 PC 互联网时代，人们了解信息的主要工具有门户网站、搜索引擎、中间页、导航网站、社交软件等，这些工具就成了互联网时代新的流量入口。

到了数据时代，很多在流量时代积累了大量流量的企业开始发挥流量优势，如腾讯通过 QQ 这个社交软件聚集了 9.4 亿的用户，而且活跃用户也达到了 4.3 亿，这其中包含了大量的用户信息数据，腾讯则可以充分挖掘这些数据的潜在价值，开发更多的增值服务产品，如 QQ 音乐、QQ 游戏、QQ 空间、QQ 邮箱、电脑管家、QQ 影音等，并且每一款产品都可以快速打开市场，实现流量变现。

QQ 从单一的即时通信应用到如今衍生出如此多的应用场景，并成就了腾讯的巨头地位，流量和数据的作用不可小觑。并且，腾讯还有专门的云计算和大数据平台，为开发者提供专业、易用、可信赖的大数据产品，帮助企业更好地洞察行业趋势、提升决策效率、洞悉用户行为以及提高用户活跃度，通过数据应用来打造行业龙头业务。

而到了场景时代，随着用户需求的不断变化，流量和数据市场已经达到了饱和状态，因此人们开始跳出流量与数据的二维空间，试着从场景这个三维空间寻找更多的机会，为消费者带来更高品质的产品和服务。

例如，你可能不知道康师傅和统一方便面销量的下滑，不是因为被今麦郎或者白象等竞争对象所影响，而是受到了美团外卖和饿了么的冲击，大家都可以坐在家里或办公室等着饭菜送上门，那么谁还会去想着吃泡面呢？尽管传统行业景气度在不断下降，但在场景 5 大技术原力的支持下，还是有很多需求空间的，传统行业不会消亡，但会重新洗牌，经营也将变得更加垂直化、精细化和独特化。

例如，在新零售的带动下，阿里巴巴通过完全重构线下超市，打造出盒马鲜生这种新零售业态，就是场景时代很好的转型案例，如图 6-14 所示。

对于消费者来说，盒马鲜生集合了超市、餐饮店和菜市场等功能，既可以到店购买，也可以在手机上通过盒马 APP 下单，等待送货上门。另外，盒马鲜生基于阿里巴巴的海量用户，并对用户的消费行为进行大数据挖掘，同时为用户提供更加个性化的消费建议。这一过程，正是"流量→数据→场景"的完整体现。

图 6-14　盒马鲜生平台

6.4.2　场景渠道：场景让产品具备引流能力

建设场景渠道，其实就是让场景中的各种元素"活"起来，如商品、信息以及资金等，都与场景中的人建立连接，使其具备传播的能力。

场景渠道最重要的是要学会融合，将产品、服务与信息融合在一起，让人在这个场景中可以连接到更多的场景。

例如，我们在使用"全民 K 歌"软件录下一首满意的歌曲后，可以通过这个 APP 将歌曲快速分享到微信、朋友圈、QQ 好友、微博等渠道，形成了场景的渠道链，如图 6-15 所示。

图 6-15　"全民 K 歌"的歌曲分享示例

要知道，在移动互联网时代，我们不再是处在一个封闭的空间中，不同场景存在互通的渠道，才能让场景"活"起来，才能让更多人看到、用到和记住你的场景。不仅在线上，线下也要有传播能力，构建出具备分发能力的渠道。

当然，要让人去分享，首先需要有优秀的内容来刺激用户的传播欲望；然后，这个场景要有足够的互动能力，激起其他用户的参与活跃度；最后，还需要形成一个标签化或者人格化的场景，打动用户的内心，让用户在情感上得到满足。

具备这 3 个条件的场景，人们传播的可能性就非常大，那么场景的渠道能力也将更强。正如罗振宇曾说过的一句话："一切内容皆流量，一切流量皆连接，一切连接皆场景。"

6.4.3 流量思维：跟上流行才能抓住流量

PC 时代奉行的是"流量为王"，而场景时代的主要特征是"流行即流量"，即通过场景来让产品或品牌变成流行，从而增强它们对用户的影响力和吸引力，形成口口相传的流行氛围，刺激人们的消费欲望，让浏览变成购买。

借用场景的流量思维来打造流行产品，主要有以下 3 种方法。

1．亚文化创新

现在是移动互联网时代了，最突出的特征就是突出了"人"的价值，并且形成了一群亚文化人群，他们具有自己独特的价值观念，具有颠覆精神。亚文化知识虽然只是一种小众流行的东西，但是在移动互联网中，它被放大了，而且可以快速地被大量粉丝搜索到，因此亚文化很有可能变成主流场景。

例如，小米的成功就是从亚文化创新开始的。小米手机还没有上市的时候，当时手机市场拼的是功能、销售渠道和价格，但是小米上市后却走出了一条完全有别于其他所有大品牌和国产山寨手机的路，靠的是亚文化切入，拼的是价值观。正如小米的标语"为发烧而生"，其实背后是一种"极客精神"的亚文化，小米让网友一起来共同参与制造手机，让发烧友的价值观可以"实物化"，打造出最懂用户的操作系统和硬件功能。小米先搞定发烧友，发烧友自然就可以覆盖普通人了，于是小米就火了。

2．品牌 IP 化

如今，在数字化的引领下，一切产业都出现了娱乐化的趋势，几乎所有的行业和品牌都要运用到爆款 IP 思维，才能在激烈的市场竞争中脱颖而出。例如，苹果、小米都是通过单品思维来形成强势品牌力的。

在品牌 IP 化的同时，IP 也将品牌化，形成超级个体品牌，此时，一个产品、一个店铺或者一个人都可以成为一个流行品牌，并且拥有众多的品牌拥护者。

3．流量口碑化

社交媒体的分享功能让流行变得更容易，很多爆款产品都是通过人们口口相传得以流行的，如加多宝、天天P图以及《奔跑吧兄弟》等。

场景营销关注的是什么？有两个关键词需要记住，那就是"认同"和"偏好"。因为我认同你所以经常关注你，因为我更偏好你，所以我愿意对你进行更深度的了解，于是我形成了你的品牌深度体验。场景可以解决从认识某个品牌到最终形成口碑，形成一个非常完整的沟通链，并且会产生一个良性的循环。

在一个完整场景沟通的周期里面，一个陌生的品牌和一个陌生的项目，是可以有非常完整的沟通时间和人形成交流的。从陌生一直到形成消费者口碑的影响，在这个场景里面可以形成非常精细的运作和评估，判断转化率运营，这样就会知道用户流失在哪里，转化的概率在哪里。在这个场景下，可以形成精细化的运营，不断提高这个场景里面的转化率。

在场景时代，营销推广已经不单单是产品力的问题，而是要将产品功能转化为用户场景，为用户带来更好的体验，从而引发用户自主分享和传播，为产品带来流量，并且让场景成为流行。

例如，网红店主赵大喜在大学时便开始了网店生涯，开了一家名为"大喜自制"的店铺，而且每天都在微博上与用户互动，并选择一些比较受欢迎的款式打版，投产后放入店铺上卖，通过社交内容来塑造流行趋势，如图6-16所示。

图6-16　赵大喜的微博展示

据悉，在大学毕业后，赵大喜就已经拥有一个100多名员工的服装工厂，主要为店铺生产一些核心款式的产品。虽然赵大喜的粉丝数量在网红中并不算多，但她的粉丝黏性却很高，能够有效带动店铺销量。

像赵大喜这样的网络红人可以简称为"网红"，他们善于借助互联网的优势来宣传自己，实现口碑传播，并擅长创作互联网内容来吸引粉丝，是一批新型的互联网创业者，而且改变了很多传统行业的生态链。"网红"模式将粉丝归纳为一个特定的亚文化垂直圈子，可以实现更加精准的营销。通过对网红店主进行个性化的宣传与包装，然后为粉丝带来优质的内容，继而实现变现。

因此，对于传统企业来说，我们需要利用微博、微信以及知乎等社交媒体，在其中找到合适的场景，塑造流行引爆流量，运用流量思维将大部分消费者培养成忠实用户，运用场景思维将流量转化成购买力。

6.4.4 户外广告：实现持续性的引流效果

户外互动广告能够以场景交互和效果数据统计形成差异化竞争力，帮助客户在不同的区域市场形成深度影响力。

在繁华热闹的城市街头醒目位置上，或者人流量非常大的公交车上以及地铁上，我们经常可以看到一些户外广告，这既是一个品牌资金实力的体现，同时也是品牌广告创意的展示。

如图 6-17 所示为今日头条及旗下视频 APP 的户外互动广告和场景投放策略。

图 6-17　今日头条及旗下视频 APP 的户外互动广告和场景投放策略

在制作户外互动广告时，如果你没有经验，也可以与专业的广告公司合作。例如，蓝色光标集团旗下的迈片互联科技就是一家专注于移动营销技术服务的互联网公司，向大型企业、中小企业及个人用户提供以手机交互为核心场景的移动营销解决方案。

在户外互动广告场景上，迈片互联科技具有强大的优势：大数据决策、数字化量化效果、场景化投放创意以及一站式用户互动技术服务。

迈片互联科技的广告资源覆盖全国超 95% 省份区域，包括驾校、高校、车主俱乐部、公交班车、影院、KTV、机场、高铁、地铁、巴士、商超餐娱、母婴室、出租车、公共区域、客厅电视、摇一摇以及商业地产等多类型的场景，其场景资源特点如图 6-18 所示。

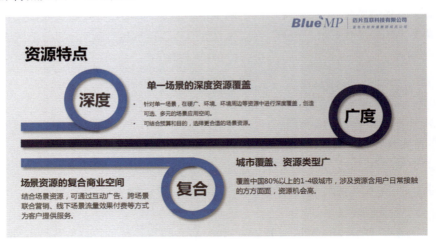

图 6-18　迈片互联科技的场景资源特点

在户外互动广告中，运营者可以运用创新技术、优秀创意、户外环境以及强烈的互动性和趣味性等元素，使传统的户外大牌广告创造出让人惊异的广告效果。

例如，腾讯视频推出的"斗破苍穹-班车"场景推广，在北京、深圳和上海3个大城市上线，场景覆盖线下人数（车内＋车外）4.2万人次，交互转化率达到了59%，如图 6-19 所示。

将户外广告放置在公交车上面，这就形成了一个流动的广告点，而且公交车停靠的站点一般人都非常多，等于进一步扩大了户外广告的人群覆盖范围。

另外，用户在手机上开启蓝牙后，进入微信摇一摇页面，会出现临时"周边"，摇一摇获取周边的 H5，点击进入 H5 页面即可参与抽奖。

将定制好的 H5 页面通过蓝牙技术覆盖在户外广告的周边，用户只要摇一摇手机，即可即时和企业互动，获取优惠与进行评价等，同时体验线下和线上的户外互动广告。这种户外互动广告的常见应用场景包括零售、餐饮、博物馆、景区、线下广告、城市服务、会议以及展览等，可以轻松实现持续性的引流效果。

如今，人们对于户外广告的需求进一步提高，简单的图片和文字的户外广告已经不能满足人们的需求，他们更感兴趣的是那些场景中的互动体验。因此，企业需要将产品融入户外广告这个场景当中，并结合各种场景工具，让用户主动与广告进行互动，为品牌带来巨大的曝光和流量。

图 6-19 腾讯视频"斗破苍穹 - 班车"场景推广

6.4.5 事件话题：利用热点引爆场景流量

事件营销就是对相关热点事件进行信息加工，从而使这一事件继续传播，达到一定的宣传引流效果。以场景为驱动，策划强创意的公众事件营销，以促进口碑和话题传播。

事件营销最常见的表现就是企业推出海报，在微信和微博等社交媒体上进行推广，但这并不是全部。事件营销往往可以成为相关活动的来源，并通过联合营销的方式将粉丝由线上引流至线下，推动线下的相关活动。

事件推广能够有效地提高品牌或产品的名气和人气等，优质的内容甚至能够直接让企业树立起良好的品牌形象，获得众多的关注度，从而进一步促成产品或服务的推广营销。事件营销具体的内容和形式分析，如图 6-20 所示。

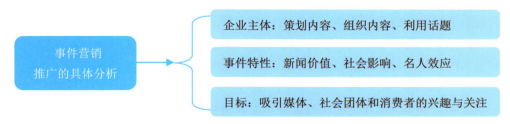

图 6-20 事件营销推广的具体分析

创新的推广营销活动策划只是场景营销成功的第一步，进行有效的用户转化才是企业通过事件推广获得收益的实际效果。

在实际应用场景营销时，由话题引导的事件推广往往具备多种其他渠道没有的特点，具体说明如下。

- 风险不可控：事件最终发展往往不是发起者能控制的。
- 成本比较低：一段话、一篇文章就能够成就一次事件。
- 营销效果好：效果十分明显，大众的参与度很高。
- 可引导用户：需要持续进行正面引导，防止问题出现。

通过场景将话题转为自身品牌建设之后，就可以通过不同的渠道进行影响力拓展，尤其是微信公众号和APP等新媒体渠道。在利用话题进行事件场景营销时，可以在细分场景中去做互动创意策划，学会通过场景来捆绑事件与话题，让话题渗透到场景资源中，具体方法如图6-21所示。

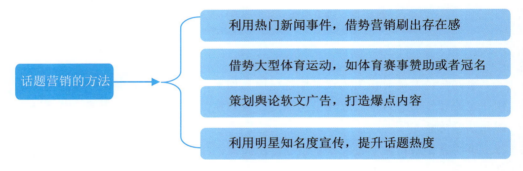

图6-21 话题营销的方法

例如，英国有一家餐厅规定男性服务员都必须剃光头，并宣称他们的"菜汤中永远见不到一根头发"，这家"光头餐厅"吸引了不少路人的好奇心，纷纷到店里就餐，生意也因此更火。

"光头餐厅"就是通过对餐厅员工这个场景细节进行改造，构思出这种新奇、有趣或者好玩的创意话题。

当然，我们还可以在场景中利用话题来实现与用户的互动，让他们产生共鸣，将私人的话题扩散成公众话题，从而引发更大规模的跟风关注。

在2018年新年前夕，随着年味渐浓，大家经常会聚在一起讨论关于年货的一些话题。如今，办年货已经不再是线下的消费需求，"年货节"成了电商平台争抢用户的战场，大家都忙着推陈出新吸引消费者的眼球，天猫、苏宁易购以及京东等电商平台纷纷围绕年货大做文章。

作为社交电商的领航者，拼多多也借用"年货节"话题＋场景营销，玩出了新花样，如图 6-22 所示。

图 6-22　拼多多"年货节"话题＋场景营销示例

在这个年末，拼多多在线上场景设计上，采用了大量的传统新年元素，如舞狮子、红灯笼、放烟花以及送红包等，呈现出一派喜庆的节日氛围，可以感受到浓浓的年味，让消费者原本枯燥烦心的年货选购变得更加有趣与轻松。

除了借用话题吸引用户外，拼多多还非常注重社交场景的互动。通过 H5 的内容形式，如转盘抽奖、邀请好友拆红包以及签到领现金等，让"年货节"话题快速分享到用户的朋友圈中，如图 6-23 所示。

图 6-23　拼多多话题分享

在实现话题内容创新的同时,还将粉丝流量变现为用户价值的提升,升级用户体验,拼多多为用户提供优质的线上消费体验、丰富多彩的商品和新奇的场景互动玩法,塑造多场景式的消费体验,让年货节"年味儿"十足,获得了巨大的成功。